# Answer Key
# Student Activities Manual

## Megan Echevarría
*University of Rhode Island*

## Curso elemental

**SECOND EDITION**

**Audrey L. Heining-Boynton**

**Glynis S. Cowell**
*The University of North Carolina at Chapel Hill*

**PEARSON**

Boston   Columbus   Indianapolis   New York   San Francisco   Upper Saddle River
Amsterdam   Cape Town   Dubai   London   Madrid   Milan   Munich   Paris   Montréal   Toronto
Delhi   Mexico City   São Paulo   Sydney   Hong Kong   Seoul   Singapore   Taipei   Tokyo

**Executive Editor, Spanish:** Julia Caballero
**Editorial Assistants:** Samantha Pritchard/Jessica Finaldi
**Executive Marketing Manager:** Kris Ellis-Levy
**Senior Marketing Manager:** Denise Miller
**Marketing Assistant:** Michele Marchese
**Development Editor, Elementary Spanish:** Celia Meana
**Development Editor, Spanish:** Meriel Martínez
**Senior Managing Editor for Product Development:** Mary Rottino
**Associate Managing Editor (Production):** Janice Stangel
**Senior Production Project Manager:** Nancy Stevenson
**Executive Editor, MyLanguageLabs:** Bob Hemmer

**Senior Media Editor:** Samantha Alducin
**Development Editor, MyLanguageLabs:** Bill Bliss
**Editorial Coordinator, World Languages:** Regina Rivera
**Senior Art Director:** Maria Lange
**Operations Manager:** Mary Fischer
**Operations Specialist:** Alan Fischer
**Full-Service Project Management:** Melissa Sacco, PreMediaGlobal
**Composition:** PreMediaGlobal
**Printer/Binder:** RR Donnelley
**Cover Printer:** RR Donnelley
**Publisher:** Phil Miller

This book was set in 10/12 Janson Roman.



10 9 8 7 6 5 4 3

ISBN-10: 0-205-05016-6
ISBN-13: 978-0-205-05016-1

# Capítulo  Preliminar A

**A-01**

1. Buenos días
2. Buenas tardes
3. Buenas noches
4. Buenas tardes /
   Buenos días
5. Buenos días
6. Buenas noches

**A-02**

1. formal
2. informal o formal
3. informal
4. informal o formal
5. informal
6. informal
7. informal o formal
8. formal

**A-03**

1. ¿Cómo está usted?
2. ¿Y tú?
3. Quiero presentarle
   a mi amigo.
4. ¿Cómo te llamas?
5. encantado.
6. Igualmente.

**A-04**

*Answers will vary.*

**A-05**

**Paso 1**

1. Falso
2. Cierto
3. Falso
4. Cierto
5. Falso
6. Cierto

**Paso 2**

7. with a handshake / by shaking hands
8. Some Spanish-speaking men
9. Some Spanish-speaking men and women /
   Many Spanish-speaking women / Most
   Spanish-speaking women
10. greet each other with two kisses
11. hug
12. stand very close to each other

**A-06**

*Answers will vary.*

**A-07**

**Paso 1**

*Answers will vary.*

**Paso 2**

*Answers will vary.*

**A-08**

1. Go to the board / Go to the blackboard / Go
   to the chalkboard
2. Read the book / Read your book
3. Listen
4. Answer, please / Please answer
5. Open the book / Open your book
6. Write on the board / Write on the blackboard /
   Write on the chalkboard

**A-09**

*Answers will vary.*

**A-10**

1. Escriban.
2. Lea.
3. Lean.
4. Escriba.
5. Lean.
6. Lea.

**A-11**

*Answers will vary. Possible answers:*

1. la tecnología, la música
2. los automóviles
3. la tecnología
4. la tecnología, la música, el cine
5. la tecnología, la televisión
6. la tecnología, la televisión

**A-12**

1. Cuba
2. México / Mexico
3. España
4. Colombia
5. Chile
6. Honduras

**A-13**

1. Iñaki Ruiz
2. Arantxa López / Arantxa Lopez
3. Txemis Ibáñez / Txemis Ibañez
4. Gema García / Gema Garcia
5. Izaskun Gardel
6. Eneko Aguirre

**A-14**

*Answers will vary.*

**A-15**

*Answers will vary.*

**A-16**

1. presentaciones
2. abran
3. cierren
4. vayan
5. pizarra
6. escribe
7. página
8. abrazo

**A-17**

1. places
2. people
3. foods
4. people
5. places
6. people
7. foods
8. places
9. places
10. foods
11. people
12. foods

   

1. c     4. a
2. b     5. f
3. d     6. e

**A-19**

*Answers will vary.*

**A-20**

1. usted     5. nosotros
2. ellos     6. nosotras
3. él     7. ustedes
4. vosotras     8. tú

**A-21**

1. ellos     5. tú / vos
2. nosotras     6. nosotros / vosotros/as
3. ellas     7. ellos
4. él     8. ustedes

**A-22**

1. people that I know well; members of my family.
2. it is now generally acceptable to address the clerk as **tú**; it would be fine to address the clerk as **usted.**
3. they will probably address me as **tú**; they might address me as **vos.**
4. show someone respect; play it safe in an uncertain situation.
5. to talk to more than one female person, or "you all."
6. is sometimes used in informal situations; is sometimes used in place of **tú.**

**A-23**

1. ustedes     4. usted
2. vosotros     5. vosotros
3. tú     6. tú / usted

**A-24**

1. informal     4. informal
2. formal     5. informal
3. no se sabe

**A-25**

**Paso 1**

*Answers will vary.*

**Paso 2**

*Answers will vary. Possible answers include:*

7. Buenas tardes, ¿cómo está? / Hola, ¿cómo estás?; Adiós / Hasta pronto
8. Hola, ¿qué tal? / Hola, ¿cómo estás?; Chao / Hasta luego

9. Buenos días, ¿cómo está?; Adiós / Hasta mañana
10. Buenos días, ¿cómo está?; Adiós / Hasta pronto
11. Hola, ¿qué tal? / Hola, ¿cómo estás?; Chao / Hasta luego
12. Buenas tardes, ¿cómo está? / Hola, ¿cómo estás?; Adiós / Hasta luego
13. Buenos días, ¿cómo está?; Adiós / Hasta pronto

**Paso 3**

*Answers will vary. Possible answers include:*

14. In English there are words that are considered more formal than others and we can use those to show respect. Using colloquial expressions can sometimes demonstrate closeness to others because it shows that one feels comfortable with the person. Spanish is similar to English because there are also both formal and informal words that one can choose to use in different situations. Spanish has the additional feature of the difference between **usted** and **tú** that can also make it quite easy to show respect for others. It's interesting that in some places people use **usted** to address family members and show that they hold them in very high esteem, while in others using **usted** within one's family would come across as cold and distant.

**A-26**

1. yo     4. vosotros
2. nosotros     5. ellos / ellas / ustedes
3. tú     6. él / ella / usted

**A-27**

1. Soy / No soy     5. Soy / No soy
2. Soy / No soy     6. Soy / No soy
3. Soy / No soy     7. Soy / No soy
4. Soy / No soy

**A-28**

1. somos     5. son
2. es     6. somos
3. son     7. eres
4. son / sois     8. soy

**A-29**

1. Marta y Gabriela     5. Gabriela
2. Gabriela     6. Marta y Gabriela
3. Marta     7. Marta
4. Marta

**A-30**

*Answers will vary.*

**A-31**
1. vos
2. vosotros / vosotras
3. vos
4. vosotros / vosotras
5. vosotros / vosotras

**A-32**
1. g
2. c
3. e
4. b
5. f
6. d
7. a

**A-33**
1. es japonesa
2. son españoles
3. es canadiense
4. es alemán
5. son chinos
6. es mexicana
7. es nigeriana
8. es francesa

**A-34**
*Answers will vary.*

**A-35**
**Paso 1**
1. *Answers may vary. Possible answers include:* Hispanic refers to all people who come from a Spanish-speaking background and Latino implies a specific connection to Latin America.
2. *Answers will vary, but may include:* Anglo, Anglophone, Anglo Saxon.
3. *Answers will vary.*
4. *Answers will vary, but may include:* Because of the diversity of the Spanish-speaking world, people may like to present their own unique cultural and national identity.
5. *Answers will vary, but may include:* Because some of these countries share more than the Spanish language, some people might like to highlight some of the commonalities that exist across cultures and countries.

**Paso 2**
*Answers will vary.*

**A-36**
1. 845371
2. 912364
3. 538710
4. 467912
5. 221816
6. 292214
7. 241615
8. 301317

**A-37**
*Answers will vary.*

**A-38**
1. siete
2. cuatro
3. quince
4. doce
5. catorce
6. cuatro

**A-39**
1. 4
2. 7
3. 15
4. 9
5. 29
6. 19
7. 30

**A-40**
*Answers may vary. Possible answers:*
1. México
2. Estados Unidos, Guatemala
3. España
4. Europa
5. Guinea Ecuatorial, África

**A-41**
*Answers will vary.*

**A-42**
1. 10:00 / 10:00 A.M.
2. 11:00 / 11:00 A.M.
3. 8:00 / 8:00 A.M.
4. 3:00 / 3:00 P.M.
5. 2:00 / 2:00 P.M.
6. 9:00 / 9:00 A.M.
7. 6:00 / 6:00 A.M.
8. 3:00 / 3:00 P.M.
9. 7:00 / 7:00 A.M.
10. 12:00 / 12:00 P.M.

**A-43**
1. e
2. c
3. b
4. d
5. g
6. a
7. f

**A-44**
1. A las once y media / A las once y media de la mañana
2. A las diez / A las diez de la mañana
3. A la una menos cuarto / A la una menos cuarto de la tarde
4. A las dos / A las dos de la tarde
5. A las tres menos cuarto / A las tres menos cuarto de la tarde
6. A las cinco menos diez / A las cinco menos diez de la tarde

**A-45**
1. Los lunes, los miércoles y los viernes
2. A las diez / A las diez de la mañana
3. Los martes y los jueves
4. A las doce y cuarto / A las doce y cuarto de la tarde / A las doce y quince / A las doce y quince de la tarde
5. Los lunes, los miércoles y los viernes a la una / Los lunes, los miércoles y los viernes a la una de la tarde / A la una los lunes, los miércoles y los viernes / A la una de la tarde los lunes, los miércoles y los viernes

6. Quince
7. Los martes y los jueves a las cinco / Los martes y los jueves a las cinco de la tarde / A las cinco los martes y los jueves / A las cinco de la tarde los martes y los jueves
8. A las ocho menos cuarto / A las ocho menos cuarto de la noche

## A-46

**Paso 1**

1. viernes
2. martes
3. sábado
4. jueves
5. domingo
6. lunes

**Paso 2**

7. miércoles
8. lunes
9. martes
10. sábado
11. jueves
12. viernes

## A-47

**Down**

1. domingo
2. martes
3. sábado
4. viernes

**Across**

2. miércoles
5. jueves
6. lunes

## A-48

1. enero
2. agosto
3. octubre
4. marzo
5. abril
6. marzo
7. junio
8. octubre

## A-49

**Across**

1. noviembre
5. enero
6. marzo
7. mayo
8. julio
9. febrero

**Down**

2. octubre
3. febrero
4. noviembre

## A-50

*Answers will vary.*

## A-51

1. otoño
2. verano
3. invierno
4. otoño
5. primavera
6. invierno
7. verano

## A-52

1. Hace sol. / Hace viento. / No hace calor.
2. Hace buen tiempo. / No hace calor. / No hace frío.
3. Hace sol. / Hace calor.
4. Está nublado. / No hace calor.
5. Llueve.
6. Llueve. / Hace mucho viento. / Hace mal tiempo.

## A-53

1. Hace sol / Hace buen tiempo / No hace frío / No hace mal tiempo
2. Está nublado / No hace sol / Hace mal tiempo
3. Llueve / No hace sol / Hace mal tiempo
4. Hace calor / Hace sol
5. Nieva / Hace frío / No hace sol / No hace calor

## A-54

*Answers will vary.*

## A-55

1. c
2. a
3. a
4. c
5. a
6. b
7. a
8. a

## A-56

**Paso 1**
*Answers will vary.*
**Paso 2**
*Answers will vary.*

## A-57

1. Sí, me gustan los lunes / No, no me gustan los lunes.
2. Sí, me gustan los viernes / No, no me gustan los viernes
3. Sí, me gusta la música hip-hop / No, no me gusta la música hip-hop
4. Sí, me gusta la música rock / No, no me gusta la música rock
5. Sí, me gusta la nieve / No, no me gusta la nieve
6. Sí, me gusta el viento / No, no me gusta el viento
7. Sí, me gusta la cafetería de la universidad / No, no me gusta la cafetería de la universidad

## A-58

1. Sí, me gusta el Internet / No, no me gusta el Internet
2. Sí, me gustan las computadoras / No, no me gustan las computadoras
3. Sí, me gusta la música / No, no me gusta la música
4. Sí, me gusta la literatura / No, no me gusta la literatura

5. Sí, me gusta la televisión / No, no me gusta la televisión
6. Sí, me gusta la pizza / No, no me gusta la pizza
7. Sí, me gusta el chocolate / No, no me gusta el chocolate

**A-59**

*Answers will vary.* All must include *¿Te gusta…? or ¿Te gustan…?*

**A-60**

*Answers will vary.*

**A-61**

*Answers will vary.*

# Capítulo 1   ¿Quiénes somos?

**01-01**

1. padrasto
2. esposa
3. padres
4. hijo
5. madre
6. hija

**01-02**

1. La madre
2. Los abuelos paternos
3. Los abuelos maternos
4. La familia
5. Los padres
6. El padre

**01-03**

1. Es Adriana
2. Es Pedro
3. Es Sonia
4. Es Francisca
5. Es Sonia
6. Es Manuel
7. Es Rosario
8. Es Carmen

**01-04**

1. madrastra
2. tía
3. prima
4. tíos
5. padre
6. hermana
7. abuela
8. abuelo
9. madre
10. padrastro

**01-05**

*Answers will vary.*

**01-06**

1. a, a, o
2. e, a, a
3. e, o, a
4. a, u, e, o
5. a, a, a, o, a
6. a, u, i, o
7. e, o, a, e
8. e, e, o, o

**01-07**

*Answers will vary.*

**01-08**

1. sí
2. no
3. no
4. sí
5. sí
6. no

**01-09**

1. Gloria Fajardo de Estefan
2. Marivi Lorido de García
3. Lymari Nadal de Olmos
4. Talisa Soto de Bratt
5. Janet Templeton de Estévez

**01-10**

1. Gracia García García
2. Esteban Estévez Estefan
3. Teodoro del Toro del Toro
4. Cruz Cruise Cruz
5. Lola Bueno Díaz

**01-11**

*Answers will vary.*

**01-12**

1. nosotros
2. ella, usted
3. yo
4. ellas
5. tú
6. nosotros
7. yo

**01-13**

1. b
2. b
3. b
4. d
5. c
6. b
7. b

**01-14**

1. Manuel, Nerea
2. Francisco, Carmen
3. María, Alfonso
4. Pedro, Clara, Justino, Ana, Antonio
5. Emilia, Clemente
6. Ruben, Margarita, Mario

**01-15**

*Answers will vary.*

**01-16**

1. vos
2. tú
3. tú
4. vos
5. tú

**01-17**

1. alemanes
2. franceses
3. abriles
4. japoneses
5. problema
6. joven
7. nubes
8. inviernos
9. soles
10. universidades

**01-18**

1. plural
2. plural
3. singular
4. singular
5. plural
6. plural
7. plural

**01-19**

*Answers will vary.*

**01-20**

1. padres, hijos
2. ella, nietos
3. ellas, hermanas
4. usted, madre
5. madres, responsabilidades

**01-21**

1. femenino
2. masculino
3. masculino
4. femenino
5. femenino
6. femenino
7. femenino
8. masculino
9. masculino
10. femenino

**01-22**

1. palabra femenina
2. palabra masculina
3. palabra masculina
4. palabra femenina
5. palabra femenina
6. palabra masculina
7. palabra femenina
8. palabra masculina
9. palabra femenina
10. palabra femenina

**01-23**

1. unos
2. la, la
3. una
4. los, los
5. los, la
6. una

**01-24**

**Paso 1**

1. las
2. la
3. las
4. el
5. la
6. la
7. los
8. las

**Paso 2**

9. unas
10. un
11. una
12. unos
13. unos
14. unas
15. un
16. una
17. una
18. un

**01-25**

1. unos, los
2. unos, x
3. unas, las
4. unas, x
5. las, x
6. los, x

**01-26**

1. la
2. una
3. una
4. un / el
5. la
6. La
7. la
8. unas

**01-27**

1. a family
2. a husband
3. one son
4. one sister
5. a mother
6. a stepfather

**01-28**

1. unos chicos
2. una mujer, un hombre
3. unos jóvenes
4. una muchacha
5. unos novios
6. una mujer, un hombre

**01-29**

1. d
2. b
3. e
4. a
5. f
6. c

**01-30**

*Answers will vary. Possible answers include:*

1. muchacho
2. muchacha
3. niña
4. mujer
5. hombre

**01-31**

1. joven / muchacho / chico / niño
2. joven / muchacho / chico / niño / novio
3. joven / muchacha / chica / niña
4. joven / muchacha / chica / niña
5. joven / muchacho / chico / niño
6. chica / niña / muchacha
7. chico / niño / muchacho

**01-32**

1. su
2. mis
3. su
4. sus
5. tu
6. nuestras
7. mi
8. tus
9. nuestra
10. sus

**01-33**

1. Sus, Pablo / Arcadio, Arcadio / Pablo
2. Su, Pablo
3. Sus, Gabriela / Antonio, Antonio / Gabriela
4. Su, Lucía
5. Sus, Carlos / David, David / Carlos
6. Sus, Clara / Pedro, Pedro / Clara

**01-34**

1. tu
2. mi
3. nuestra
4. su
5. su

**01-35**

*Answers will vary.*

**01-36**

1. Mi
2. mí
3. Mi
4. mí
5. mi
6. mí

**01-37**

1. d
2. c
3. e
4. b
5. a

**01-38**

**Paso 1**

1. alta
2. guapa
3. alto
4. pequeña
5. bonitas
6. delgados

**Paso 2**

7. es alta
8. es guapa
9. es alto
10. es pequeña
11. son bonitas
12. son delgados

**01-39**

1. perezoso
2. malo
3. trabajadora
4. responsable
5. pobre
6. tonto / tonta
7. buena
8. interesante

**01-40**

*Answers will vary.*

**01-41**

*Answers will vary.*

**01-42**

1. d
2. c
3. e
4. a
5. b

**01-43**

*Answers may vary. Possible answers:*

1. state, regional, national variations, pronunciation
2. Southern, New England, Bostonian, New York, Midwestern (Chicago area), etc.
3. Canadian, Irish, English, Scottish, Australian, etc.
4. I might encounter some minor hurdles with the accent or with some specific vocabulary words, but I should be able communicate clearly because our ways of speaking English are sufficiently similar for us to be able to understand each other and get our messages across.
5. Both Spanish and English are rich in variations of words used in different regions and countries, and the pronunciation of those words may also differ by region.

**01-44**

*Answers will vary.*

**01-45**

1. 486-5336
2. 874-4991
3. 761-2587
4. 642-5738
5. 376-6798
6. 546-6278

**01-46**

*Answers will vary.*

**01-47**

1. 95
2. 100
3. 70
4. 65
5. 44
6. 72

**01-48**

**Paso 1**

1. 41
2. 59
3. 86
4. 95
5. 77
6. 68

**Paso 2**

7. 5, Hace frío
8. 15, Hace frío / Hace buen tiempo
9. 30, Hace buen tiempo / Hace calor
10. 35, Hace buen tiempo / Hace calor
11. 25, Hace buen tiempo / Hace calor
12. 20, Hace buen tiempo

**01-49**

*Answers will vary.*

## 01-50

**Paso 1**

1. aburrida, formal, grande, gusta, fortuna, elegantes

**Paso 2**

2. cierto
3. falso
4. falso
5. falso
6. falso
7. cierto

## 01-51

*Answers will vary.*

## 01-52

*Answers will vary.*

## 01-53

1. c
2. b
3. f
4. d
5. a
6. e

## 01-54

1. 12,5%
2. 3
3. México, Puerto Rico, Cuba
4. México
5. Los Ángeles, San Antonio
6. a
7. b
8. b
9. c
10. b
11. San Francisco, El Paso
12. Los mayas
13. Bonampak
14. historia
15. a
16. a
17. a
18. a
19. a
20. c
21. b
22. b

## 01-55

*Answers will vary.*

## 01-56

*Answers will vary.*

## 01-57

1. interesantes
2. simpático / cómico / guapo, simpático / cómico / guapo, simpático / cómico / guapo
3. hermanas
4. trabajador
5. difícil / aburrida, difícil / aburrida
6. guapas / simpáticas / jóvenes, guapas / simpáticas / jóvenes, guapas / simpáticas / jóvenes
7. gordo / feo/ perezoso, gordo / feo/ perezoso, gordo / feo/ perezoso

## 01-58

*Answers will vary.*

## 01-59

universidad, chico, gracias, comprendo, encantado, hablar, hermanos, hola, familia

## 01-60

1. sí
2. no
3. sí
4. no
5. sí
6. sí

## 01-61

1. buena
2. interesante
3. estadounidense
4. guapo
5. simpático

## 01-62

*Answers will vary.*

## 01-63

*Answers will vary.*

## 01-64

*Answers will vary.*

# Capítulo 2   La vida universitaria

## 02-01

1. d
2. f
3. e
4. a
5. h
6. g
7. j
8. c
9. b
10. i

## 02-02

1. finanzas de las empresas multinacionales
2. anatomía humana
3. inteligencia artificial
4. introducción a la literatura hispanoamericana
5. tecnología educativa
6. introducción al fotoperiodismo
7. el cubismo y el surrealismo
8. derecho constitucional

## 02-03

1. b
2. e
3. d
4. f
5. g
6. a
7. c

## 02-04

*Answers will vary.*

## 02-05

1. a
2. b
3. c
4. b
5. c

## 02-06

1. hablo
2. trabajara
3. llevó
4. separó
5. contestará
6. estudió

## 02-07

**Paso 1**

1. mu
2. ma
3. li
4. dad
5. dor
6. dad
7. la
8. xa
9. liz
10. cion

**Paso 2**

11. música
12. matemáticas
13. bolígrafo
14. diversidad
15. borrador
16. universidad
17. lápiz
18. examen
19. feliz
20. composición

## 02-08

1. televisión
2. número
3. informática
4. música
5. economía
6. literatura

## 02-09

*Answers will vary.*

## 02-10

1. la ventana
2. la pared
3. el idioma
4. la música
5. la puerta
6. la compañera

## 02-11

1. papel / cuaderno
2. libro
3. bolígrafo
4. profesora
5. mapa
6. cuaderno / papel

## 02-12

1. una calculadora
2. la novela
3. un diccionario
4. un mapa
5. el libro de economía
6. una computadora

## 02-13

1. b
2. a
3. b
4. b

## 02-14

1. yo
2. nosotros/as
3. vosotros/as
4. ellos/as
5. tú
6. vosotros/as
7. nosotros/as
8. él/ella
9. nosotros/as
10. yo

## 02-15

**Paso 1**

1. los lunes, los miércoles y los viernes, los martes y los jueves
2. los martes y los jueves
3. todos los días de la semana
4. todos los días de la semana
5. todos los días de la semana
6. todos los días de la semana

**Paso 2**

7. Amaya, Amaya y Enrique juntos
8. Amaya y Enrique juntos
9. Amaya
10. Amaya, Amaya y Enrique juntos
11. Amaya
12. Amaya

## 02-16

1. toman
2. trabajan
3. necesitan
4. vivimos
5. comprendo

## 02-17

*Answers will vary.*

## 02-18

**Paso 1**

1. estudias
2. lee
3. enseñas
4. necesitas
5. corre

**Paso 2**

6. preparás
7. aprendes
8. regresás
9. corrés
10. comprendes

## 02-19

1. Tiene, a, 9:00 / nueve / 9:00 A.M. / nueve de la mañana / 9:00 A.M.
2. Trabaja, dos / 2
3. Come, la / una, cafetería
4. Habla, sus / los, amigos / compañeros / compañeros de clase
5. Regresa, su, apartamento / casa
6. Tiene, que, estudiar, exámenes

## 02-20

**Paso 1**

*Answers may vary. Possible answers:*

1. Sí, trabajo más de cinco horas a la semana /
   No, no trabajo más de cinco horas a la semana
2. Sí, estudio los sábados / No, no estudio los
   sábados
3. Leo y estudio treinta horas todas las semanas
4. Sí, escribo muchos apuntes cuando leo / No,
   no escribo muchos apuntes cuando leo
5. Sí, recibo muchos e-mails de mis amigos / No,
   no recibo muchos e-mails de mis amigos.

**Paso 2**

*Answers will vary.*

**Paso 3**

*Answers will vary.*

## 02-21

**Paso 1**

*Answers will vary but each answer will contain the
following verbs/phrases:*

1. Soy de…
2. Vivo en…
3. Mi especialidad es…
4. Tomo…
5. Tomo…
6. Mi clase favorita es…
7. En mi clase favorita hay…
8. Mis clases más difíciles son…

**Paso 2**

*Answers will vary.*

## 02-22

1. Cómo está
2. De dónde es
3. Qué estudia
4. Dónde estudia
5. Por qué estudia
6. Cuántas clases toma
7. Tiene clases
8. Cuándo estudia

## 02-23

1. por qué
2. porque
3. porque
4. por qué
5. porque

## 02-24

1. c
2. b
3. e
4. a
5. d

## 02-25

1. 700
2. 100
3. 350
4. 500
5. 750
6. 250

## 02-26

1. 864
2. 796
3. 267
4. 273
5. 177
6. 246

## 02-27

*Answers will vary.*

## 02-28

*Answers will vary.*

## 02-29

*Answers will vary.*

## 02-30

1. Sí, tengo computadora / No, no tengo
   computadora
2. Sí, tienen computadoras / No, no tienen
   computadoras
3. Sí, tengo televisión en mi cuarto / Sí, tengo
   televisión / No, no tengo televisión en mi
   cuarto / No, no tengo televisión
4. Sí, tienen televisiones en sus cuartos / Sí,
   tienen televisiones / No, no tienen televisiones
   en sus cuartos / No, no tienen televisiones
5. Sí, me gusta mi despertador / Sí, me gusta /
   No, no me gusta mi despertador / No, no me
   gusta

## 02-31

*Answers will vary.*

## 02-32

**Paso 1**

1. falso cognado
2. cognado
3. falso cognado
4. falso cognado
5. cognado
6. cognado

**Paso 2**

7. b
8. b
9. b
10. a
11. a
12. b

## 02-33

1. Está en tu mochila / Está en la mochila / Está
   en la mesa / Está en tu mesa
2. Está en la mesa / Está en tu mesa
3. Están en la mesa / Está en tu mesa
4. Está en tu mochila / Está en la mochila
5. Están en la mesa / Están en tu mesa
6. Está en la mesa / Está en tu mesa
7. Está en tu mochila / Está en la mochila

**02-34**
1. está en el gimnasio
2. está en la cafetería
3. están en la biblioteca
4. están en el gimnasio
5. está en la cafetería
6. está en su cuarto

**02-35**
*Answers will vary.*

**02-36**
1. están al norte de
2. está al este de
3. están al norte de
4. está al sur de
5. está al oeste de
6. están al oeste de
7. está al este de
8. está al sur de

**02-37**
1. está
2. esta
3. esta
4. está
5. estas
6. estás

**02-38**
1. c
2. d
3. b
4. a
5. e

**02-39**
1. estoy
2. está
3. contenta
4. estoy
5. está
6. preocupada
7. estamos
8. están
9. enojadas

**02-40**
1. Estoy nervioso / Estoy nerviosa / Estoy preocupado / Estoy preocupada / Estoy triste
2. Estoy contento / Estoy contenta / Estoy nervioso / Estoy nerviosa
3. Estoy aburrido / Estoy aburrida / Estoy enojado / Estoy enojada
4. Estoy contento / Estoy contenta / Estoy nervioso / Estoy nerviosa
5. Estoy cansado / Estoy cansada

**02-41**
1. b
2. a
3. c
4. d

**02-42**
1. le gusta ir a la universidad
2. Le gusta leer y preparar sus clases en la biblioteca
3. Le gusta hablar con sus compañeros
4. Le gusta comer con sus amigos en la cafetería / Le gusta comer en la cafetería / Le gusta comer con sus amigos / Le gusta comer

**02-43**
1. Sí, me gustan / No, no me gustan / Sí, me gustan las residencias estudiantiles / No, no me gustan las residencias estudiantiles
2. Sí, me gusta / No, no me gusta / Sí, me gusta el centro estudiantil / No, no me gusta el centro estudiantil
3. Sí, me gusta / No, no me gusta / Sí, me gusta el estadio / No, no me gusta el estadio
4. Sí, me gustan / No, no me gustan / Sí, me gustan los profesores / No, no me gustan los profesores
5. Sí, me gusta / No, no me gusta / Sí, me gustan las clases / No, no me gustan las clases
6. Sí, me gusta / No, no me gusta / Sí, me gusta el gimnasio / No, no me gusta el gimnasio

**02-44**
*Answers will vary.*

**02-45**
*Answers will vary.*

**02-46**
**Paso 1**
1. chifla
2. encantan
3. ilusiona
4. entusiasman
5. fascina

**Paso 2**
6. preocupan / enojan
7. cansa
8. aburre / cansa
9. enojan / preocupan

**02-47**
1. le gusta jugar al básquetbol / le gusta el básquetbol
2. le gusta la música / le gusta bailar
3. le gusta jugar al fútbol / le gusta el fútbol
4. le gustan las bicicletas / la gusta montar en bicicleta
5. le gustan las novelas / le gusta escribir novelas / le gusta escribir
6. le gusta jugar al béisbol / le gusta el béisbol
7. le gusta jugar al tenis / le gusta el tenis

**02-48**
1. pregunta ilógica
2. pregunta lógica
3. pregunta ilógica
4. pregunta ilógica
5. pregunta lógica
6. pregunta lógica

**02-49**

*Answers will vary.*

**02-50**

1. outdoor
2. outdoor
3. indoor
4. outdoor
5. indoor

**02-51**

1. el fútbol
2. el básquetbol, el béisbol, el tenis
3. Cuba, Argentina, México
4. cada cuatro años, un año antes de los Juegos Olímpicos.
5. béisbol, vóleibol, fútbol americano, judo, natación

**02-52**

**Paso 1**

1. trabajo, libros, clases, dinero, compañeros, mochila, dólares

**Paso 2**

2. Falso
3. Falso
4. Cierto
5. Cierto
6. Falso
7. Falso

**Paso 3**

8. librería
9. libros
10. 10
11. mochila
12. cinco
13. $476.00

**02-53**

*Answers will vary.*

**02-54**

*Answers will vary.*

**02-55**

*Answers will vary.*

**02-56**

1. b
2. c
3. e
4. a
5. b
6. d

**02-57**

1. México, D.F. / Ciudad de México
2. 106.202.903 / 106,202,903
3. Texas
4. los Estados Unidos, Guatemala
5. el océano Pacífico, el golfo de México
6. a
7. a
8. a
9. b
10. b
11. b
12. c
13. c
14. c
15. d
16. d

**02-58**

*Answers will vary.*

**02-59**

*Answers will vary.*

**02-60**

1. Manolo
2. Alejandra, Manolo, Cisco
3. Alejandra
4. Cisco
5. Manolo
6. Alejandra
7. Alejandra, Manolo, Cisco

**02-61**

1. Marisol
2. Lupe
3. Lupe
4. Eduardo
5. Marisol, Lupe, Eduardo
6. Marisol
7. Marisol, Eduardo
8. Lupe, Eduardo

**02-62**

**Paso 1**

1. Calle
2. Chacón
3. Jiménez
4. psicología

**Paso 2**

5. tenis, nadar
6. trabaja
7. niños / niños pobres
8. familia

**02-63**

**Paso 1**

*Answers may vary. Possible answers:*

1. Lupe y Eduardo hablan español, inglés y portugués, y les gusta nadar y pasar tiempo con sus familias.
2. Marisol y Eduardo trabajan como voluntarios y hablan español e inglés.
3. Marisol, Lupe y Eduardo hablan español e inglés.
4. *Answers will vary.*
5. *Answers will vary, but will include three of the following adjectives:* interesantes, inteligentes, creativos, inocentes. *Sentences should begin with:* Son; Ellos son; Marisol, Lupe y Eduardo son

**Paso 2**

*Answers will vary.*

**02-64**

*Answers will vary.*

**02-65**

*Answers will vary.*

# Capítulo 3   Estamos en casa

**03-01**

1. d
2. b
3. e
4. a
5. c

**03-02**

1. están, el, jardín
2. está, la, cocina
3. está, la, sala
4. está, el, balcón

**03-03**

1. Tiene tres dormitorios / Tiene tres / Tiene 3 dormitorios / Tiene 3
2. Sí, tiene garaje / Tiene garaje / Sí tiene garaje
3. Tiene tres pisos / Tiene tres / Tiene dos pisos / Tiene dos / Tiene 3 pisos / Tiene 3 / Tiene 2 pisos / Tiene 2
4. Sí, tiene altillo / Tiene altillo / Sí tiene altillo
5. Sí, tiene oficina / Tiene oficina / Sí tiene oficina

**03-04**

| Vertical | Horizontal |
|---|---|
| 1. oficina | 2. jardín |
| 3. dormitorio | 6. cocina |
| 4. sótano | 7. comedor |
| 5. balcón | 8. altillo |
| 9. sala | 10. baño |
| | 11. garaje |

**03-05**

*Answers will vary.*

**03-06**

*Answers will vary.*

**03-07**

*Answers will vary. Possible answers include:*

1. bedroom, campus housing facility
2. yard, area outside designated specifically for flowers or vegetables
3. courtyard or open-air area in the center of a building surrounded by the interior walls of the building on all four sides, area that is usually behind a house and paved that is normally used for gatherings
4. living room, a shop or place of business offering specific services to clients (such as a beauty or hair salon); bar

**03-08**

1. g de general
2. h
3. g de grande
4. j / g de general
5. h
6. j / g de general
7. h
8. g de grande
9. h
10. j / g de general

**03-09**

1. h
2. g de grande, j / g de general
3. j / g de general
4. j / g de general
5. j / g de general
6. j / g de general
7. j / g de general
8. g de grande, j / g de general
9. g de grande
10. j / g de general

**03-10**

*Answers will vary.*

**03-11**

1. historia
2. humilde
3. garaje
4. planta baja
5. gimnasio
6. hacer

**03-12**

1. Iván
2. los dos
3. Enrique
4. Iván
5. Iván
6. los dos

**03-13**

1. salimos
2. hacemos
3. queremos / podemos
4. vemos
5. oímos
6. podemos / queremos

**03-14**

1. Tengo
2. puedo
3. veo
4. conozco
5. hago
6. quiero

**03-15**

1. Puedes
2. puedo
3. tienes
4. Tengo
5. Eres
6. soy
7. Haces
8. hago
9. Tienes
10. tengo
11. ves
12. Veo
13. oyes
14. Oigo
15. Quieres
16. quiero

*Answers may vary. Possible answers:*
1. Sí, veo la televisión todos los días. / No, no veo la televisión todos los días.
2. Sí, oigo música todos los días. / No, no oigo música todos los días.
3. Sí, tengo clase los lunes. / No, no tengo clase los lunes.
4. Sí, puedo estudiar en la sala con la televisión. / No, no puedo estudiar en la sala con la televisión.
5. Sí, mis amigos y yo hacemos fiestas. / No, mis amigos y yo no hacemos fiestas.
6. Sí, mis amigos y yo salimos todas las semanas. / No, mis amigos y yo no salimos todas las semanas.

**03-17**

**Paso 1**
1. soy
2. queremos
3. hacemos
4. salgo
5. vemos
6. traen

**Paso 2**
7. son
8. sale
9. quieren
10. hacen
11. está
12. puede
13. oye
14. dicen

**03-18**
1. Puedes
2. Está
3. estudia
4. sale
5. haces
6. Tienes
7. Quieres
8. Eres

**03-19**
1. Barcelona
2. rápida / vibrante, vibrante / rápida
3. caro
4. naturaleza
5. bajas, corrales / corrales con animales / animales
6. agricultura
7. lenta

**03-20**
1. e
2. d
3. a
4. f
5. b
6. c

**03-21**
1. lógico
2. ilógico
3. ilógico
4. lógico
5. ilógico
6. ilógico
7. lógico
8. ilógico

**03-22**
1. barato
2. caro
3. caro
4. barato
5. razonable / barato
6. barato

**03-23**
1. lavaplatos
2. almohada
3. microondas
4. estante
5. tocador
6. cama
7. lámpara
8. manta
9. refrigerador

**03-24**
*Answers will vary.*

**03-25**
1. d
2. c
3. a
4. e
5. b
6. f

**03-26**
1. Teresa
2. Javier / Carmen / Juan, Javier / Carmen / Juan, Javier / Carmen / Juan
3. Juan / Carmen, Carmen / Juan
4. Felipe / Alfonso, Alfonso / Felipe
5. Donato / Leticia, Leticia / Donato
6. Sr. Sánchez / Reyes, Reyes / Sr. Sánchez
7. Lina / Carlos, Carlos / Lina
8. Lourdes
9. Hosun

**03-27**
1. Donato
2. Leticia
3. Los dos
4. Los dos
5. Leticia
6. Leticia
7. Donato
8. Donato
9. Donato
10. Leticia

**03-28**

*Answers may vary. Possible answers include:*
1. Sí, limpio la cocina después de preparar la comida. / No, no limpio la cocina después de preparar la comida.
2. Sí, lavo los platos después de comer. / No, no lavo los platos después de comer.
3. Sí, hago mi cama todos los días. / No, no hago mi cama todos los días.
4. Sí, paso la aspiradora por mi dormitorio todas las semanas. / No, no paso la aspiradora por mi dormitorio todas las semanas.
5. Sí, sacudo los muebles en mi dormitorio todas las semanas. / No, no sacudo los muebles en mi dormitorio todas las semanas.

    

6. Sí, puedo ayudar a limpiar el baño todas las
   semanas. / No, no puedo ayudar a limpiar
   el baño todas las semanas.
7. Sí, quiero ayudar a limpiar la sala todas las
   semanas. / No, no quiero ayudar a limpiar
   la sala todas las semanas.

## 03-29

1. quitar la colcha
2. cocinar
3. hacer la cama
4. sacar la basura
5. lavar los platos

## 03-30

1. verde
2. amarillo
3. negro
4. rojo
5. marrón
6. blanco

## 03-31

1. azul
2. blancas
3. rojas
4. negro
5. gris
6. marrones
7. amarillas
8. rosado
9. moradas
10. beige

## 03-32

*Answers will vary.*

## 03-33

1. c
2. d
3. e
4. a
5. b

## 03-34

1. c
2. g
3. a
4. f
5. d
6. b
7. e

## 03-35

1. Rosario
2. Beatriz
3. Jorge / Ramón / Roberto, Jorge / Ramón /
   Roberto, Jorge / Ramón / Roberto
4. Carmen
5. Susana
6. David
7. Pilar
8. Julián

## 03-36

1. Tengo frío
2. Tengo prisa
3. Tengo sueño
4. Tengo cuidado
5. Tengo vergüenza
6. Tengo suerte

## 03-37

1. éxito
2. prisa
3. sed
4. suerte
5. hambre
6. cuidado
7. vergüenza

## 03-38

1. c
2. e
3. f
4. a
5. d
6. b

## 03-39

1. 1876
2. 1885
3. 1970
4. 1981
5. 1996
6. 2001

## 03-40

*Answers will vary.*

## 03-41

|        | Dormitorios | Baños | Pisos | Precio    |
|--------|-------------|-------|-------|-----------|
| Casa 1 |             |       |       | $350.000  |
| Casa 2 | 4           |       |       | $450.000  |
| Casa 3 | 3           |       |       | $210.000  |
| Casa 4 | 3           | 3     |       | $425.000  |
| Casa 5 | 4           | 3     |       | $476.000  |

## 03-42

*Answers will vary.*

## 03-43

1. tres
2. uno
3. cuatro
4. cuatro
5. Sí / Sí, hay una cocina nueva / Sí, hay una
   cocina nueva en el piso
6. No / No, no hay una cocina moderna / No, no
   hay una cocina moderna en la casa adosada

## 03-44

1. Hay siete días / Hay 7 días / Hay siete / Hay 7
2. Hay cincuenta y dos semanas / Hay 52
   semanas / Hay cincuenta y dos / Hay 52
3. Hay treinta días / Hay 30 días / Hay treinta /
   Hay 30
4. Hay cuatro estaciones / Hay 4 estaciones /
   Hay cuatro / Hay 4
5. Hay trescientos sesenta y cinco días / Hay
   365 días / Hay trescientos sesenta y cinco /
   Hay 365

**03-45**

1. hay
2. ay
3. hay
4. ahí
5. ay

**03-46**

1. País Vasco, Asturias
2. Norte
3. El tiempo y su efecto en el color de los paisajes
4. Energía solar, Energía del viento
5. Gracias a su color blanco, hace menos calor en las casas durante el verano.

**03-47**

1. en el centro de la ciudad
2. la universidad, el autobús, las tiendas, los restaurantes
3. cinco dormitorios
4. 2
5. 5
6. $500,00

**03-48**

1. sí
2. no
3. sí
4. sí
5. sí
6. no

**03-49**

*Answers will vary.*

**03-50**

*Answers will vary.*

**03-51**

1. Castañeda
2. Ropero
3. piso
4. hay muchas cosas para hacer
5. ir de tapas, salir a tomar algo
6. del fútbol, de los equipos españoles

**03-52**

1. catalán / gallego, catalán / gallego
2. La Organización Nacional de Ciegos Españoles / O.N.C.E. / Organización Nacional de Ciegos Españoles / ONCE
3. Don Quijote, Sancho Panza
4. Granada
5. Barcelona

**03-53**

1. Europa
2. Portugal, Francia, Andorra
3. aproximadamente 40.000.000
4. casi 5.000
5. el Mar Mediterráneo
6. África
7. 1986
8. 2002

9. Cataluña
10. euskera
11. Galicia
12. Hace mucho sol y calor.
13. Hace mucho frío., Nieva.
14. Hace calor.
15. verdes
16. Pamplona
17. Valencia
18. Barcelona
19. en otoño

**03-54**

*Answers will vary.*

**03-55**

*Answers will vary.*

**03-56**

*Answers will vary.*

**03-57**

1. Está muy nerviosa / Está nerviosa
2. Tiene diecinueve años / Tiene 19 años
3. Es su nuevo novio / Es el nuevo novio de Pili
4. Tiene veintinueve años / Tiene 29 años
5. Son muy estrictos / Son estrictos
6. No, no van a estar contentos / No van a estar contentos / No van a estar contentos esta noche / No, no van a estar contentos esta noche

**03-58**

*Answers will vary.*

**03-59**

**Paso 1**

1. Lupe
2. Eduardo, Lupe
3. Lupe
4. Lupe, Eduardo

**Paso 2**

5. Cisco
6. Marisol
7. Cisco
8. Eduardo

**03-60**

1. Lupe
2. Eduardo
3. Lupe
4. Eduardo
5. Eduardo, Cisco
6. Lupe, Marisol
7. Marisol
8. Cisco

**03-61**

*Answers will vary.*

**03-62**

*Answers will vary.*

**03-63**

*Answers will vary.*

# Capítulo 4   Nuestra comunidad

## 04-01

1. d
2. f
3. a
4. g
5. b
6. e
7. c

## 04-02

1. Estamos en el cine
2. Está en el teatro
3. Estoy en el cibercafé
4. Están en el gimnasio
5. Estamos en el supermercado / Estamos en el restaurante
6. Están en el centro comercial
7. Estoy en el restaurante / Estoy en el supermercado
8. Estás en la oficina de correos

## 04-03

*Answers will vary.*

## 04-04

1. e
2. a
3. c
4. f
5. b
6. h
7. d
8. j
9. g
10. i
11. Sí / No / Depende
12. Sí / No / Depende
13. Sí / No / Depende
14. Sí / No / Depende
15. Sí / No / Depende

## 04-05

*Answers will vary.*

## 04-06

*Answers will vary.*

## 04-07

1. centros comerciales
2. el centro de la ciudad
3. el mercado, muchas tiendas
4. clases sociales
5. conversar, pasear
6. los parques
7. los sábados y los domingos

## 04-08

*Answers will vary.*

## 04-09

1. Sí, lo sé. Buenos Aires es la capital de Argentina.
2. Sí, lo sé. La Ciudad de México es la capital de México.
3. Sí, lo sé. San Salvador es la capital de El Salvador.
4. Sí, lo sé. Tegucigalpa es la capital de Honduras.
5. Sí, lo sé. La Ciudad de Guatemala es la capital de Guatemala.
6. Sí, lo sé. Madrid es la capital de España.

## 04-10

1. sabemos
2. sé
3. sabe
4. sabe
5. saben
6. Sabes
7. conozco
8. conocen
9. conoce
10. conoce

## 04-11

1. conozco
2. Sabes
3. sé
4. Sabes
5. Conoces
6. conozco
7. conozco

## 04-12

1. conoce
2. conocen
3. conozco
4. conoces
5. conocemos

## 04-13

1. c
2. a
3. f
4. b
5. e
6. g
7. d

## 04-14

1. c
2. e
3. g
4. a
5. d
6. b
7. f

## 04-15

1. tienes que almorzar
2. tengo que volver
3. tenemos que pensar
4. tengo que encontrar
5. tienen que pedir

## 04-16

1. c
2. z
3. s
4. z
5. s

## 04-17

1. a
2. c
3. d
4. b
5. d
6. c
7. b
8. a
9. c
10. d

## 04-18

1. Falso
2. Cierto
3. Cierto
4. Falso
5. Cierto
6. a las 6:00 / a las seis
7. un restaurante
8. a las 7:00 / a las siete
9. volver a casa para dormir / volver a su casa para dormir / dormir
10. a las 5:00 / a las cinco

## 04-19

1. Ana y Carlos
2. Emilia y Saúl
3. Ana y Carlos
4. Ana y Carlos
5. Ana y Carlos
6. Emilia y Saúl

## 04-20

1. empiezan
2. pierden
3. devuelves
4. demuestras
5. recordamos
6. prefieren
7. recomendamos
8. encuentro
9. cierro
10. almuerzan
11. repetimos
12. seguimos

## 04-21

1. empiezas
2. pedimos
3. pueden
4. quiere
5. encontramos
6. entienden
7. juego
8. demuestras
9. pensamos
10. duermen

## 04-22

1. quiere
2. prefiere
3. piensa
4. entiende
5. recomienda
6. empezar

## 04-23

1. servimos
2. cerramos
3. viene
4. pide
5. repite
6. tengo
7. empieza
8. persiguen

## 04-24

1. pienso
2. recordamos
3. tengo
4. almorzamos

5. cuesta
6. vuelvo
7. jugamos
8. puedo
9. dormir

## 04-25

1. Vas
2. voy
3. ir
4. ir
5. van
6. voy
7. vas
8. ir
9. vamos
10. ir

## 04-26

1. van a la biblioteca
2. vamos al supermercado
3. van a un restaurante elegante
4. voy al centro comercial
5. vas al museo
6. voy al banco
7. vamos a correos

## 04-27

*Answers will vary.*

## 04-28

1. Las personas de Acuario no van a tener
2. Las personas de Virgo y de Piscis van a tener / Las personas de Piscis y de Virgo van a tener / Las personas de Piscis van a tener
3. Las personas de Acuario van a tener
4. Las personas de Virgo y de Piscis van a tener / Las personas de Piscis y de Virgo van a tener
5. Las personas de Virgo van a tener
6. Las personas de Acuario van a tener
7. Las personas de Piscis van a ir

## 04-29

1. va a ir a al gimnasio, va a hacer pilates
2. vamos a ir al centro comercial, vamos a comprar un regalo
3. va a ir al museo, va a ver unas pinturas interesantes
4. van a ir a la biblioteca, van a devolver libros
5. vas a ir a correos, vas a mandar unas cartas
6. van a ir a un restaurante, van a almorzar pizza
7. vamos a ir a la oficina de nuestro profesor, vamos a pedir ayuda

## 04-30

*Answers will vary.*

## 04-31

1. el campamento de niños
2. el campamento de niños, la residencia de ancianos
3. la residencia de ancianos



© 2013 Pearson Education, Inc.

4. el campamento de niños, la residencia de
   ancianos
5. la campaña política
6. el campamento de niños, la residencia de
   ancianos
7. la campaña política

## 04-32

| Vertical | Horizontal |
|---|---|
| 1. campamento | 2. anciano |
| 4. canoa | 3. petición |
| 6. consejero | 4. candidata |
| | 5. excursión |
| | 7. apoyar |

## 04-33

1. Puedes ir a la residencia de ancianos que está
   en el centro
2. Puedes dar clases de artesanía
3. Puedes repartir comidas por las tardes
4. Puedes organizar papeles para un candidato
   político
5. Puedes circular una petición a los estudiantes
6. Puedes trabajar como consejero

## 04-34

*Answers will vary.*

## 04-35

*Answers will vary.*

## 04-36

*Answers will vary.*

## 04-37

1. Falso
2. Falso
3. Cierto
4. Cierto
5. Falso
6. Falso
7. Cierto

## 04-38

1. el estudiante perfecto
2. el estudiante desastroso
3. el estudiante normal
4. el estudiante normal
5. el estudiante desastroso
6. el estudiante desastroso
7. el estudiante perfecto

## 04-39

1. alguna
2. ninguna
3. algo
4. nada
5. ningún
6. nunca
7. alguien
8. algo

## 04-40

1. algún
2. ningún
3. alguna
4. algo
5. nada
6. nadie
7. Siempre
8. a veces
9. algunas

## 04-41

1. su tío, en Madrid
2. su tía, en Sevilla
3. su prima, en Buenos Aires
4. su profesor, en Montevideo
5. su hermana, en México, D.F.
6. el novio de su hermana, en San Francisco

## 04-42

1. son
2. son
3. somos
4. es
5. son
6. somos
7. son

## 04-43

1. está
2. estar
3. está
4. están
5. está
6. estamos
7. estoy

## 04-44

1. Estás
2. estás
3. Son
4. eres
5. ser
6. estás
7. estamos
8. Estoy
9. eres
10. ser

## 04-45

*Answers will vary.*

## 04-46

*Answers will vary.*

## 04-47

*Answers will vary.*

## 04-48

*Answers will vary.*

## 04-49

1. La Ceiba / La Ceiba, Honduras
2. los mayas / mayas
3. Copán
4. Lempira / la Lempira
5. Higüeras

**04-50**

1. Antigua
2. montañosa
3. Tikal
4. pirámides / las pirámides
5. Quetzal / el Quetzal
6. dieciocho / 18

**04-51**

1. una / 1 / una costa / 1 costa
2. El Sunzal
3. tres / 3 / tres generaciones / 3 generaciones
4. dólar estadounidense / dólar / el dólar estadounidense / el dólar
5. curanderos

**04-52**

1. casi siete millones de personas
2. Tegucigalpa
3. el Océano Pacífico, el Mar Caribe
4. frutas tropicales
5. la tortilla de maíz (*corn*), el arroz (*rice*), los frijoles (*beans*)
6. casamiento
7. el plátano (*plantain*), la yuca
8. un destino turístico importante, un lugar donde hay ruinas arqueológicas
9. los mayas
10. Islas de la Bahía, Isla de Roatán

**04-53**

1. casi doce millones quinientas mil personas
2. México, Belice, Honduras, El Salvador
3. el Océano Pacífico, el Mar Caribe
4. el sur
5. el sur
6. el norte
7. el norte
8. 21
9. 1992
10. porque lucha para los derechos de los indígenas
11. Santiago de Guatemala
12. 1543
13. edificios viejos, edificios coloniales, iglesias
14. productos de los indígenas
15. la Semana Santa

**04-54**

1. casi siete millones de personas
2. San Salvador
3. el Océano Pacífico
4. 21.000
5. en la zona pacífica
6. la zona pacífica
7. en la zona central
8. Generalmente hace calor en primavera, verano, otoño e invierno.
9. de mayo a octubre
10. de noviembre a abril
11. un Tratado de Libre Comercio con Estados Unidos
12. mejorar las situaciones económicas de los países de Centroamérica

**04-55**

*Answers will vary.*

**04-56**

*Answers will vary.*

**04-57**

*Answers will vary. Possible answers:*

1. métrico, el sistema métrico
2. 1,5 kilómetros / 1,5
3. 2,5 centímetros / 2,5
4. 1,1 metro
5. 3,3 pies
6. medio litro

**04-58**

*Answers will vary.*

**04-59**

1. a
2. c
3. b
4. a
5. c
6. c

**04-60**

1. Falso
2. Falso
3. Falso
4. Falso
5. Cierto
6. Cierto

**04-61**

*Answers will vary.*

**04-62**

*Answers will vary.*

**04-63**

*Answers will vary.*

# Capítulo 5  ¡A divertirse! La música y el cine

## 05-01

1. la guitarra, la batería, el piano
2. la trompeta, el piano
3. la guitarra, el piano
4. la trompeta
5. la guitarra, el piano
6. la batería, el piano, el tambor
7. la trompeta, el piano
8. la batería, el piano, la guitarra

## 05-02

1. ópera
2. tambor
3. letra
4. piano
5. ensayar
6. aficionado
7. voz
8. gira
9. concierto
10. cantante
11. grabar
12. salsa

## 05-03

1. pianista
2. cantante
3. trompetista
4. guitarrita / cantante, cantante / guitarrista
5. cantante
6. cantante
7. cantante
8. cantante
9. baterista
10. tamborista

## 05-04

1. Falso
2. Cierto
3. Falso
4. Falso
5. Cierto
6. Falso
7. Falso
8. Falso
9. Falso
10. Falso
11. empieza en los años 90 / empieza en los años noventa / empieza en los 90 / empieza en los noventa
12. un barrio de la Habana y un club de baile
13. El famoso artista norteamericano / El artista norteamericano
14. son mayores / son muy mayores / son ancianos
15. ven que todavía tienen muchas habilidades
16. En 1997
17. En 1998
18. los mejores 500 discos / los mejores quinientos discos
19. el director alemán / el famoso director alemán
20. 23.000.000 / 23 millones de dólares / veintitrés millones de dólares

## 05-05

1. Sombrero Verde
2. 1987
3. Fernando Olvera
4. Alex González
5. Sergio Vallín
6. Juan Diego Calleros
7. "Acceso total" / Acceso total
8. "Selva Negra" / Selva Negra

## 05-06

*Answers will vary.*

## 05-07

1. Costa Rica, Nicaragua
2. Panamá
3. España
4. Ecuador
5. Perú
6. Colombia
7. Perú
8. Cuba
9. República Dominicana
10. República Dominicana
11. Argentina, Uruguay
12. Panamá, Nicaragua
13. Colombia
14. Puerto Rico
15. Cuba

## 05-08

1. sí
2. sí
3. no
4. sí
5. no
6. sí
7. no
8. sí
9. sí
10. no
11. Eu
12. eu
13. none
14. io / ió
15. none
16. ia
17. none
18. ue
19. io
20. none

## 05-09

1. ia
2. iu
3. ai
4. ia / ía
5. ia
6. oi

7. io
8. ia / ía
9. ei
10. ia
11. diptongo
12. diptongo
13. vocales independientes
14. vocales independientes
15. diptongo
16. diptongo
17. vocales independientes
18. vocales independientes
19. vocales independientes
20. diptongo

## 05-10

1. sí
2. no
3. no
4. no
5. no
6. no
7. sí
8. no
9. no
10. no

## 05-11

1. canción
2. concierto
3. europeas
4. ciudad, aficionados
5. pianistas
6. feria
7. Me-encanta-esta canción
8. Ensayamos mucho-antes de cada concierto
9. Estas-artistas-son todas-europeas
10. En-esta ciudad viven muchos-aficionados de-ese-grupo
11. Este-es-uno de-los mejores pianistas del país
12. Aquella chica va-a cantar durante la-feria

## 05-12

*Answers will vary.*

## 05-13

1. Este
2. ese
3. este
4. esa
5. esa
6. esta
7. ese / este

## 05-14

1. Este
2. aquel
3. Ese
4. esta
5. esa
6. aquella

## 05-15

1. este
2. esa
3. esta
4. aquel
5. Aquel
6. aquella
7. Aquel
8. esa

## 05-16

1. Falso
2. Cierto
3. Cierto
4. Falso
5. Cierto

## 05-17

1. grupos / dos grupos / Amaral y La oreja de Van Gogh
2. La oreja de Van Gogh
3. Amaral
4. Juan Aguirre
5. canciones / las canciones
6. integrantes / integrantes originales / los integrantes / los integrantes originales / Amaia Montero, Pablo Menegras, Xabi San Martín, Álvaro Fuentes, Haritz Garde
7. letra / una letra / letra muy singular / una letra muy singular
8. compañeros / sus compañeros

## 05-18

1. c
2. d
3. b
4. b

## 05-19

**Paso 1** *Answers may vary. Suggested answers:*
1. la salsa, el merengue, el Tex-Mex / la salsa, el merengue, el norteño
2. El Gran Combo, Marc Anthony, Juan Luis Guerra, Los Tigres del Norte
3. el merenhouse, el rock latino, el rap en español, el jazz latino, el reggaetón
4. los ritmos, las melodías y la instrumentación
5. jazz latino

## 05-20

1. c
2. a
3. d
4. f
5. b
6. e

## 05-21

1. lentamente
2. horriblemente
3. perfectamente / fácilmente
4. pacientemente
5. constantemente
6. fácilmente / perfectamente
7. apasionadamente

## 05-22

*Answers will vary.*

**05-23**

| | |
|---|---|
| 1. fácil | 8. fácilmente |
| 2. generosa | 9. generosamente |
| 3. rápida | 10. rápidamente |
| 4. difícil | 11. difícilmente |
| 5. débil | 12. débilmente |
| 6. magnífica | 13. magníficamente |
| 7. fantástica | 14. fantásticamente |

**05-24**

1. está en el banco, está sacando dinero del cajero automático
2. están en el gimnasio, están jugando al básquetbol
3. estoy en la biblioteca, estoy leyendo un libro
4. estás en la cocina, estás preparando el almuerzo
5. estamos en el cine, estamos viendo una película
6. está en el cibercafé, está escribiendo mensajes de correo electrónico
7. están en el teatro, están dando un concierto

**05-25**

1. Está sirviendo la comida. / Mario está sirviendo la comida.
2. Están almorzando. / Paco y Javier están almorzando. / Javier y Paco están almorzando.
3. Está dando un concierto. / Beyoncé está dando un concierto.
4. Están grabando un disco. / Los músicos están grabando un disco. / Algunos músicos están grabando un disco.
5. Está tocando la guitarra. / Mario está tocando la guitarra.
6. Está haciendo una gira. / El conjunto está haciendo una gira. / Un conjunto está haciendo una gira. / Están haciendo una gira. / Ellos están haciendo una gira.

**05-26**

*Answers will vary.*

**05-27**

| | |
|---|---|
| 1. está siendo | 4. está siendo |
| 2. está haciendo | 5. está haciendo |
| 3. está siendo | |

**05-28**

| | |
|---|---|
| 1. f | 5. b |
| 2. c | 6. e |
| 3. h | 7. g |
| 4. a | 8. d |

**05-29**

| | |
|---|---|
| 1. d | 5. c |
| 2. b | 6. d |
| 3. d | 7. a |
| 4. a | 8. d |

**05-30**

*Answers will vary.*

**05-31**

| | |
|---|---|
| 1. e | 4. d |
| 2. c | 5. b |
| 3. a | |

**05-32**

1. Ricardo Montalbán, Anthony Quinn, Gilbert Roland
2. Rita Moreno, Raquel Welch
3. Javier Bardem, Penélope Cruz, America Ferrera, Salma Hayek, Rita Moreno, Zoe Saldana, Benicio del Toro

**05-33**

*Answers will vary.*

**05-34**

| | |
|---|---|
| 1. ensayan. | 5. en el segundo piso. |
| 2. graban un CD. | 6. en el primer piso. |
| 3. en el primer piso. | 7. en la planta baja. |
| 4. en la planta baja. | |

**05-35**

1. *Tesis, Abre los ojos, The Others, Mar adentro, Ágora*
2. *The Others, Ágora*
3. *Tesis, Abre los ojos, La lengua de las mariposas, Nadie conoce a nadie, The Others, Mar adentro , Ágora*

**05-36**

*Answers will vary.*

**05-37**

| | |
|---|---|
| 1. c | 4. e |
| 2. f | 5. b |
| 3. a | 6. d |

**05-38**

1. Hay que hablar con los profesores o buscar un buen tutor
2. Hay que organizar los papeles y las tareas
3. Hay que estudiar un poco todos los días, comer bien, dormir bien y hacer ejercicio / Hay que buscar tiempo para descansar todos los días

4. Hay que hablar con las personas importantes en tu vida y buscar soluciones
5. Hay que buscar tiempo para descansar todos los días / Hay que estudiar un poco todos los días, comer bien, dormir bien y hacer ejercicio

## 05-39

*Answers will vary.*

## 05-40

1. ay, qué
2. hay que
3. ay, qué
4. ay, qué
5. hay que

## 05-41

1. cine/ el cine / el cine que está cerca de la universidad / aquel cine
2. entradas / las entradas
3. entradas / las entradas
4. ayuda / mi ayuda
5. preguntas / las preguntas
6. mensaje / el mensaje / un mensaje / un mensaje de correo electrónico

## 05-42

1. Sí, la estrenan. / Sí la estrenan este fin de semana.
2. Sí, las tiene.
3. Sí, las tiene.
4. Sí, las puedo comprar. / Sí, puedo comprarlas.
5. Sí, lo mira. / Sí, lo mira muy frecuentemente.

## 05-43

1. Sí, las hace
2. No, no la toca
3. No, no las hacen
4. Sí, los tiene
5. Sí, las produce
6. Sí, las escribe
7. No, no los da
8. Sí, los dan
9. Sí, las hacen
10. Sí, las organiza

## 05-44

1. cinco
2. Son amigos.
3. Están en el cine.
4. entradas para ver una película
5. Miran sus entradas.
6. la tarde
7. contentos

## 05-45

1. Cierto
2. Falso
3. Cierto
4. Falso
5. Cierto

## 05-46

1. 15:00
2. estudiantes
3. demostrar que son estudiantes
4. estudiantes, honestos, simpáticos
5. $15,00

## 05-47

*Answers will vary.*

## 05-48

*Answers will vary.*

## 05-49

1. hay
2. hay
3. más alto
4. Managua
5. una lengua
6. Más de 5.000.000
7. Dos
8. 130.000
9. En la costa del Océano Pacífico
10. En la zona central
11. En la costa del Océano Atlántico
12. Hace calor.
13. De mayo a octubre
14. Es el segundo lago más grande (*second largest*) de América Latina, Tiene tiburones (*sharks*) de agua dulce (*fresh water*)
15. 360
16. Volcanes

## 05-50

1. un pueblo / un pueblo pequeño / un pueblo muy pequeño
2. un pueblo
3. un símbolo nacional
4. colón / Colón
5. no tiene
6. Panamá, Nicaragua
7. El Océano Pacífico, El Mar Caribe
8. 1502
9. cuarto
10. ticos
11. Ir de compras, Ir a eventos culturales, Dar un paseo
12. El Museo de Oro
13. El Teatro Nacional
14. 2.000.000
15. surf, rafting, ecoturismo

**05-51**

1. una ciudad / una importante ciudad / una ciudad importante
2. Océano Atlántico / Mar Caribe
3. el sector de los servicios / el sector de los servicios, la banca, el comercio y el turismo
4. Las islas San Blas
5. Molas
6. Más de 3.000.000 de habitantes
7. Costa Rica, Colombia
8. Dos
9. Hace calor., Hace sol.
10. Casi 2.500
11. Música, Centros comerciales, Discotecas, Restaurantes
12. Allí importan y exportan muchos productos.

**05-52**

*Answers will vary.*

**05-53**

*Answers will vary.*

**05-54**

1. A la policía, A los padres de Eduardo
2. Sabe mucho de computadoras.
3. Un grupo cuyo (*whose*) cantante toca la guitarra muy bien, Un grupo muy famoso por todo el mundo
4. Va solo.
5. Está pensando en la chica guapísima., Esta pensando en el concierto.

**05-55**

1. De dónde es
2. De dónde es, Dónde estudia, Qué estudia
3. Dónde vive, Dónde estudia
4. De dónde es, Dónde estudia, Qué estudia
5. Dónde estudia, Qué estudia

**05-56**

1. nerviosa
2. Comen
3. Terminan un trabajo
4. A las 17:00
5. Cisco es su primo.
6. Nadie sabe dónde está Eduardo.
7. Manolo, Alejandra

**05-57**

*Answers will vary.*

**05-58**

*Answers will vary.*

**05-59**

*Answers will vary.*

# Capítulo 6    ¡Sí, lo se!

**06-01**

| | |
|---|---|
| 1. b | 4. los dos |
| 2. a | 5. b |
| 3. b | |

**06-02**

1. trabajador, perezoso, inteligente, responsable, pequeños, simpáticos, guapos
2. Olga, Susana, Pablo, Alicia
3. Carlos
4. Olga, Susana, Pablo, Alicia
5. Carlos
6. Susana, Pablo, Alicia
7. Carlos, Pablo, Alicia
8. Olga, Carlos, Susana, Pablo, Alicia
9. Olga, Carlos, Susana, Pablo, Alicia
10. Pablo, Alicia

**06-03**

| | |
|---|---|
| 1. a | 6. b |
| 2. c | 7. d |
| 3. d | 8. c |
| 4. b | 9. a |
| 5. d | 10. c |

**06-04**

| | |
|---|---|
| 1. b | 4. b |
| 2. a | 5. c |
| 3. b | |

**06-05**

| | |
|---|---|
| 1. por qué | 4. va a hacer |
| 2. como | 5. está siendo |
| 3. está | |

**06-06**

| | |
|---|---|
| 1. a | 4. c |
| 2. d | 5. d |
| 3. a | 6. b |

**06-07**

1. Cuántos baños tiene / Cuántos baños tiene la casa
2. Tiene sótano / Tiene la casa sótano
3. Tiene altillo / Tiene un altillo muy grande

4. Tiene jardín / Tiene un jardín muy grande
5. Cuánto cuesta / Cuánto cuesta la casa
6. Dónde está la casa / Dónde está

## 06-08

*Answers will vary.*

## 06-09

*Answers will vary.*

## 06-10

1. Está haciendo la cama.
2. La casa va a ser perfecta.
3. Va a hacer una cocina nueva.
4. Los viernes lava los platos y saca la basura.

## 06-11

1. j
2. b
3. i
4. e
5. f
6. c
7. d
8. a
9. h
10. g

## 06-12

1. va a tomar café / Fabio va a tomar café
2. va a trabajar / Fabio va a trabajar
3. va a dormir / Fabio va a dormir
4. va a hacer la tarea / Fabio va a hacer la tarea
5. va a trabajar / Fabio va a trabajar
6. va a hacer ejercicio / Fabio va a hacer
   ejercicio / va a hacer ejercicio en el gimnasio /
   Fabio va a hacer ejercicio en el gimnasio

## 06-13

1. b
2. d
3. a
4. f
5. c
6. e

## 06-14

*Answers will vary.*

## 06-15

*Answers will vary.*

## 06-16

1. e
2. a
3. c
4. b
5. d

## 06-17

1. e
2. d
3. a
4. c
5. b

## 06-18

1. guerra
2. documental
3. letra
4. trompetista
5. guitarrista
6. pantalla
7. baterista
8. cantante
9. estreno
10. orquesta
11. tambor
12. actriz
13. salsa
14. entrada

## 06-19

*Answers will vary.*

## 06-20

1. e
2. b
3. c
4. a
5. d

## 06-21

1. aburrido
2. pésima
3. antipático
4. malo
5. perezoso
6. irresponsable

## 06-22

**Paso 1**

1. soy
2. eres
3. somos
4. tengo
5. tiene
6. tenemos
7. tienen
8. me gusta / me gustan
9. nos gusta / nos gustan
10. les gusta / les gustan
11. soy, somos, es, son
12. estoy, estamos, está, están
13. tengo, tenemos, tiene, tienen
14. me gusta / me gustan, nos gusta / nos gustan,
    le gusta / le gustan, les gusta / les gustan
15. quiero, queremos, quiere, quieren
16. empiezo, empezamos, empieza, empiezan
17. pido, pedimos, pide, piden
18. puedo, podemos, puede, pueden
19. almuerzo, almorzamos, almuerza, almuerzan
20. vivo, vivimos, vive, viven

**06-23**

1. Honduras / Guatemala, Honduras / Guatemala
2. culturas
3. caminar, tomar, hacer deportes
4. visitar
5. visitar, saber más / saber, culturas
6. investigar, comparar
7. ir, librería, comprar
8. llamar, pedir / pedirle

**06-24**

*Answers will vary.*

**06-25**

*Answers will vary.*

**06-26**

1. No, no los tienen
2. Sí, los quieren comprar / Sí, quieren comprarlos
3. Javier la necesita
4. Marta lo ve
5. No, no las van a comer / No, no van a comerlas
6. Sí, la tienen / Sí, la tienen a la 1:00 / Sí, la tienen a la una

**06-27**

1. tiene que, noventa / 90
2. hay que, tres / 3
3. hay que, dos / 2
4. tiene que, una / 1
5. hay que, treinta / 30
6. tiene que, doscientos cinco / 205

**06-28**

1. ser
2. tener, gustar
3. conocer, saber
4. jugar, preferir, tener
5. salir, ir, bailar
6. soy
7. Tengo
8. me gustan
9. Conozco
10. sé
11. jugamos
12. prefiero
13. tienen
14. salgo
15. vamos

**06-29**

*Answers will vary.*

**06-30**

*Answers will vary.*

**06-31**

**Paso 1**

1. Europa
2. Centroamérica
3. Guatemala
4. Portugal
5. El Salvador
6. México
7. Océano Atlántico
8. Mar Caribe
9. Océano Pacífico
10. México, DF / Ciudad de México / la Ciudad de México / México D.F. / México/ D.F.
11. Tegucigalpa
12. Guatemala / Ciudad de Guatemala / la Ciudad de Guatemala
13. Guatemala
14. Costa Rica
15. Panamá
16. Costa Rica
17. Océano Pacífico
18. Océano Pacífico
19. Mar Caribe
20. Océano Pacífico
21. San Salvador
22. Managua
23. San José
24. Panamá / Ciudad de Panamá / la Ciudad de Panamá

**06-32**

1. Cierto
2. Cierto
3. Falso
4. Cierto
5. Cierto
6. Falso
7. Cierto
8. Falso
9. Cierto
10. Falso

**06-33**

*Answers will vary.*

**06-34**

*Answers will vary.*

**06-35**

*Answers will vary.*

**06-36**

*Answers will vary.*

# Capítulo Preliminar B

## B-01

1. soy / me llamo
2. te llamas
3. Me llamo / Soy
4. Igualmente
5. estás
6. tal
7. Me gusta
8. otoño
9. martes y jueves
10. mediodía

## B-02

1. a
2. b
3. e
4. d
5. c
6. e
7. e

## B-03

*Answers will vary.*

## B-04

1. tengo
2. tenemos
3. tiene
4. tiene
5. tienen
6. tienen
7. tengo
8. tenemos
9. tienes
10. tienen

## B-05

1. lápiz
2. cuadernos
3. universidades
4. composiciones
5. libros
6. papel

## B-06

1. masculino
2. femenino
3. femenino
4. masculino
5. masculino
6. femenino
7. femenino
8. masculino

## B-07

1. unos / los
2. la
3. la
4. el / un
5. La
6. las
7. un
8. una
9. Los
10. las

## B-08

1. problema
2. programa
3. tema / temas
4. poema
5. sistema
6. clima
7. drama
8. idioma

## B-09

1. mis
2. Mi
3. su
4. sus
5. nuestros
6. nuestra
7. tu
8. tus

## B-10

1. a, b, e
2. a, b, c, e,
3. b, c, d, e
4. a, b, e
5. a, b, e
6. a, b, c, e

## B-11

1. ilógica
2. lógica
3. lógica
4. lógica
5. ilógica
6. lógica
7. ilógica

## B-12

1. c
2. g
3. a
4. f
5. b
6. e
7. d

## B-13

1. a, e
2. c, d, e
3. a, d
4. c, d
5. b, e

## B-14

*Answers will vary.*

## B-15

1. estudias para los exámenes en la biblioteca
2. viven en una residencia estudiantil
3. escribimos composiciones en clase
4. lee muchas novelas
5. hablan por teléfono muy frecuentemente

## B-16

1. f
2. e
3. a
4. h
5. g
6. b
7. d
8. c

## B-17

*Answers will vary.*

## B-18

1. 875.00 / 875 / 875,00
2. 15.00 / 15 / 15,00
3. 570.00 / 570 / 570,00
4. 17.00 / 17 / 17,00
5. 150.00 / 150 / 150,00

## B-19

1. 500, 700
2. 500, 120
3. 500, 25
4. 1000 / 1.000 / 1,000
5. 130
6. 1000 / 1.000 / 1,000
7. 120

**B-20**

1. estamos en la sala de clase
2. están en la residencia estudiantil
3. está en el laboratorio
4. estás en la cafetería
5. están en el gimnasio

**B-21**

1. a, d
2. d
3. c
4. a, c
5. c
6. d

**B-22**

1. d
2. e
3. b
4. c
5. f
6. a

**B-23**

1. Me gusta / No me gusta
2. Me gustan / No me gustan
3. Me gustan / No me gustan
4. Me gusta / No me gusta
5. Me gustan / No me gustan
6. Me gusta / No me gusta
7. Me gusta / No me gusta
8. Me gusta / No me gusta

**B-24**

*Answers will vary.*

**B-25**

1. e
2. b
3. a
4. f
5. c
6. g
7. d

**B-26**

*Answers will vary.*

**B-27**

*Answers will vary.*

**B-28**

1. la oficina
2. la cocina
3. el jardín
4. el sótano
5. la sala
6. el dormitorio
7. el garaje
8. el altillo
9. el primer piso / la planta baja
10. la planta baja / el primer piso

**B-29**

*Answers will vary.*

**B-30**

*Answers will vary.*

**B-31**

1. salimos los fines de semana a bailar y a tomar algo
2. dice que tenemos que estudiar todos los días
3. ve la televisión durante dos o tres horas todas las semanas
4. vienen a mi casa para jugar al fútbol
5. conozco a muchas personas en mi universidad
6. puedes sacar buenas notas si estudias mucho

**B-32**

1. tenemos
2. somos
3. voy
4. salgo
5. puedo
6. hago
7. vemos
8. queremos

**B-33**

1. Sí, hay un gimnasio moderno / No, no hay un gimnasio moderno
2. Sí, hay buena comida en la cafetería / No, no hay buena comida en la cafetería / Sí, hay buena comida / No, no hay buena comida
3. Sí, hay un estadio grande / No, no hay un estadio grande
4. Sí, hay clubes sociales como asociaciones estudiantiles / No, no hay clubes sociales como asociaciones estudiantiles / Sí, hay clubes sociales / No, no hay clubes sociales
5. Sí, hay más de mil estudiantes / No, no hay más de mil estudiantes
6. Sí, hay muchas fiestas los fines de semana / No, no hay muchas fiestas los fines de semana / Sí, hay muchas fiestas / No, no hay muchas fiestas / Sí, hay muchas / No, no hay muchas

**B-34**

1. hay
2. ahí
3. ay
4. hay
5. ahí

**B-35**

1. d
2. e
3. b
4. d
5. b
6. a, d
7. a, b, c, e

**B-36**

*Answers will vary.*

**B-37**

*Answers will vary.*

**B-38**

1. hago la cama
2. prepara la comida
3. lava los platos
4. pasa la aspiradora
5. saca la basura

**B-39**

1. tienes frío
2. tiene hambre
3. tenemos calor
4. tiene sed
5. tengo miedo
6. tiene sueño

**B-40**

1. 18.000,00 / 18,000
2. 22.000,00 / 22,000
3. 26.000,00 / 26,000
4. 37.000,00 / 37,000
5. 15.000,00 / 15,000
6. 2.500,00 / 2,500

**B-41**

*Answers will vary.*

**B-42**

Horizontal
1. banco
5. cibercafé
6. supermercado
8. museo

Vertical
2. centro
3. iglesia
4. bar
5. cine
7. correos

**B-43**

1. sabemos
2. conozco
3. sabes
4. sabe
5. conocemos

**B-44**

1. conozco
2. Sabes
3. conocemos
4. Conoces
5. Sé

**B-45**

*Answers will vary.*

**B-46**

1. prefiero
2. encontramos
3. empezamos
4. entiendo
5. pido
6. almorzamos
7. jugamos
8. vuelvo

**B-47**

*Answers will vary.*

**B-48**

*Answers will vary.*

**B-49**

*Answers will vary.*

**B-50**

*Answers will vary.*

**B-51**

1. darles clases de artesanía a los chicos, el consejero, la canoa, la tienda de campaña
2. circular una petición, apoyar a un candidato
3. repartir comidas, llevar a alguien al médico, la residencia para ancianos, hacer una excursión con los ancianos

**B-52**

*Answers will vary.*

**B-53**

1. somos
2. estoy
3. es
4. estamos
5. soy
6. es
7. Eres
8. estás

**B-54**

1. instrumento
2. músico
3. género
4. instrumento
5. músico
6. género
7. género
8. músico

**B-55**

1. salsa
2. piano
3. cantante
4. ópera
5. letra
6. tambor
7. gira
8. concierto

**B-56**

1. músico
2. Manu Chao / Chao / Manu / José Manuel Thomas Arthur Chao
3. razón
4. culturas / dos culturas / las culturas de España y Francia / las culturas de Francia y España / las dos culturas
5. países / los países africanos y latinoamericanos / los países latinoamericanos y africanos
6. su música / música / la música / la música de Manu Chao
7. artista
8. las preocupaciones sociales y políticas de Chao / las preocupaciones / las preocupaciones sociales y políticas / preocupaciones sociales y políticas / preocupaciones

**B-57**

1. atentamente
2. perfectamente
3. lentamente
4. rápidamente
5. inmediatamente
6. pacientemente

1. está escribiendo una carta
2. están leyendo libros
3. está estudiando para un examen / está escuchando música
4. está escuchando música / está estudiando para un examen
5. están comiendo en un restaurante
6. está entrando a un restaurante

**B-59**

*Answers will vary.*

**B-60**

*Answers will vary.*

**B-61**

1. hay que vender un millón de discos
2. hay que tener aficionados en diferentes ciudades
3. hay que leer y escribir todos los días
4. tengo que ser muy buena actriz
5. tenemos que ensayar mucho todos los días
6. tienes que tener muchas habilidades y ser muy popular

**B-62**

1. Sí, los compro / No, no los compro / Sí, yo los compro / No, yo no los compro
2. Sí, la bajo / No, no la bajo / Sí, yo la bajo / No, yo no la bajo
3. Sí, los tengo / No, no los tengo / Sí, yo los tengo / No, yo no los tengo
4. Sí, los da / No, no los da / Sí, los da frecuentemente / No, no los da frecuentemente
5. Sí, la sé tocar / Sí, sé tocarla / No, no sé tocarla / No, no la sé tocar / Sí, yo la sé tocar / Sí, yo sé tocarla / No, yo no sé tocarla / No, yo no la sé tocar
6. Sí, me gusta escucharla / No, no me gusta escucharla / Sí, me gusta escucharla frecuentemente / No, no me gusta escucharla frecuentemente
7. Sí, me gusta verlas / No, no me gusta verlas

**B-63**

*Answers may vary. Possible answers include:*
1. La especialidad de Marisol es psicología.
2. Marisol piensa que Lupe es un poco misteriosa o que no es completamente sincera.
3. Las especialidades de Lupe son periodismo e historia.
4. Manolo es de San Diego, California.
5. A Manolo le gusta mucho Alejandra.
6. Cisco es de West Palm Beach.

**B-64**

*Answers may vary.*

**B-65**

*Answers will vary.*

# Capítulo 7  ¡A comer!

**07-01**

| | |
|---|---|
| 1. h | 6. d |
| 2. c | 7. b |
| 3. f | 8. e |
| 4. a | 9. j |
| 5. i | 10. g |

**07-02**

| | |
|---|---|
| 1. b | 4. c |
| 2. a | 5. b |
| 3. a | 6. b |

**07-03**

*Selected ítems:* verduras, maíz, cebolla, lechuga, arroz, camarones, atún, mariscos, tomate, limones, naranjas, manzanas, postre, fruta

**07-04**

| | |
|---|---|
| 1. c | 5. b |
| 2. c | 6. b |
| 3. a | 7. b |
| 4. b | 8. b |

**07-05**

1. arroz / mariscos, mariscos / arroz
2. cebollas
3. vino blanco / vino / un vino blanco
4. maíz / cebolla / atún, maíz / cebolla / atún, maíz / cebolla / atún
5. fruta / frutas / unas frutas / algunas frutas

**07-06**

*Answers will vary.*

**07-07**

*Answers will vary.*

**07-08**

| | |
|---|---|
| 1. rr | 6. r |
| 2. r | 7. r |
| 3. rr, r | 8. rr, r |
| 4. r | 9. r |
| 5. rr, r | 10. rr, r |

**07-09**

1. hispanohablante
2. anglohablante
3. hispanohablante
4. hispanohablante
5. anglohablante
6. hispanohablante

**07-10**

*Answers will vary.*

**07-11**

*Answers will vary.*

**07-12**

1. a
2. a, c
3. b
4. b
5. b
6. c

**07-13**

1. Ana los organiza
2. César las compra
3. Jorge y Roberto la cocinan / Roberto y Jorge la cocinan
4. Lola los trae
5. Hilda las pone
6. Ramiro los pone / Ramiro y Ana los ponen / Ana y Ramiro los ponen
7. Federico la barre
8. Carlos la pasa

**07-14**

1. fruta
2. ensaladas
3. verduras
4. verduras
5. carne
6. frijoles
7. frijoles

**07-15**

1. No, no lo / No lo
2. Sí, la / La
3. Sí, los / Los
4. No, no lo / No lo
5. No, no las / No las
6. No, no la / No la

**07-16**

1. Sí, las como todos los días / No, no las como todos los días / Sí, las como / No, no las como
2. Sí, lo como todos los días / No, no lo como para el desayuno todos los días / Sí, lo como para el desayuno / No, no lo como para el desayuno
3. Sí, lo preparo todos los días / No, no lo preparo todos los días / Sí, lo preparo / No, no lo preparo
4. Sí, me gusta comerlo en verano / No, no me gusta comerlo en verano / Sí, me gusta comerlo / No, no me gusta comerlo

5. Sí, la puedo beber legalmente / No, no la puedo beber legalmente / Sí, la puedo beber / No, no la puedo beber / Sí, puedo beberla legalmente / No, no puedo beberla legalmente / Sí, puedo beberla / No, no puedo beberla
6. Sí, las sé preparar / No, no las sé preparar / Sí, sé prepararlas / No, no sé prepararlas

**07-17**

*Answers will vary.*

**07-18**

1. b, d
2. a, e
3. c, f
4. a, d
5. a, e
6. b, f
7. a, f
8. b, d
9. a, e
10. a, f

**07-19**

1. d
2. b
3. f
4. e
5. c
6. a

**07-20**

1. estudió
2. terminó
3. trabajó
4. compró
5. abrió
6. escribió

**07-21**

1. decidimos
2. invitamos
3. salimos
4. compramos
5. volvimos
6. limpiamos
7. sacudí
8. pasó
9. lavó
10. arreglé

**07-22**

1. no
2. sí
3. sí
4. no
5. sí

**07-23**

1. preparó
2. cociné
3. salió
4. empecé
5. llegaron
6. bebimos
7. comimos
8. cenamos
9. ofrecimos
10. jugamos

**07-24**

*Answers will vary.*



© 2013 Pearson Education, Inc.

**07-25**

*Answers will vary.*

**07-26**

1. gu
2. g
3. y
4. i
5. c
6. z

**07-27**

1. e
2. c
3. a
4. f
5. d
6. b

**07-28**

1. d
2. b
3. c
4. d
5. a
6. d

**07-29**

1. crudo
2. helado
3. mermelada
4. pimienta
5. dura
6. sal

**07-30**

1. v
2. c
3. c
4. v
5. c
6. s
7. b

**07-31**

1. Sudamérica
2. México, el Caribe, Centroamérica, Sudamérica
3. El Caribe
4. El Caribe, Centroamérica, Sudamérica
5. España
6. México
7. España, México, el Caribe, Sudamérica
8. Centroamérica, Sudamérica, el Caribe
9. España
10. Centroamérica

**07-32**

1. dijeron
2. pudimos
3. fui
4. trajiste
5. supieron
6. durmieron
7. tuvimos
8. quiso
9. puse
10. fuiste
11. hice
12. vino

**07-33**

1. c
2. b
3. a
4. d
5. e
6. g
7. h
8. f

**07-34**

1. Cierto
2. Falso
3. Cierto
4. Falso
5. Falso
6. Cierto
7. Cierto
8. Cierto
9. Falso
10. Cierto

**07-35**

1. fueron
2. fue
3. hicieron
4. tuvo
5. trajeron
6. pudieron
7. dijo

**07-36**

*Answers will vary.*

**07-37**

1. anduviste, anduvo, anduvimos, anduvieron
2. tuviste, tuvo, tuvimos, tuvieron
3. dijiste, dijo, dijimos, dijeron
4. quisiste, quiso, quisimos, quisieron
5. pusiste, puso, pusimos, pusieron

**07-38**

Vertical

1. servilleta
3. propina
4. camarero
5. plato

Horizontal

2. cliente
4. cuchillo
6. cuchara
7. vaso
8. cocinera
9. tenedor

**07-39**

1. d
2. b, d
3. b, c, e
4. b, c, d
5. d
6. e

**07-40**

1. d
2. b
3. e
4. c
5. a
6. j
7. g
8. i
9. h
10. f

**07-41**

*Answers will vary.*

**07-42**

*Answers will vary.*

**07-43**

*Answers will vary.*

**07-44**

*Answers will vary.*

## 07-45

*Answers will vary.*

## 07-46

*Answers will vary.*

## 07-47

1. Cierto
2. Cierto
3. Falso
4. Cierto
5. Falso

## 07-48

1. 16 millones
2. 6 millones
3. Chiloé
4. Pascua
5. Mapuche
6. Aymara
7. primavera, verano, otoño, invierno
8. el norte
9. el centro, el sur
10. el sur, las montañas
11. zona central, partes del sur
12. frutas
13. el vino
14. pescado, mariscos
15. las sopas
16. el pebre
17. el pastel de choclo

## 07-49

1. Cierto
2. Cierto
3. Falso
4. Cierto
5. Falso

## 07-50

1. aproximadamente seis millones y medio
2. Asunción
3. Brasil, Bolivia, Argentina
4. guaraní
5. guaraní
6. Paraguay, Paraná, Pilcomayo
7. Gran Chaco
8. Selva
9. establecieron misiones en Paraguay durante el periodo colonial.
10. convirtieron (*converted*) a los indígenas guaraníes a la religión católica.
11. apoyaron el uso de la lengua guaraní.
12. 1811.
13. llegó un gobierno democrático a Paraguay.
14. una planta hidroeléctrica muy grande.
15. el soyo
16. el mbeju
17. el mate amargo
18. el tereré

## 07-51

*Answers will vary.*

## 07-52

*Answers will vary.*

## 07-53

1. Cierto
2. Falso
3. Falso
4. Cierto
5. Falso
6. Cierto
7. Cierto

## 07-54

1. c
2. a
3. a
4. c
5. c
6. c
7. b
8. a
9. b
10. b

## 07-55

*Answers will vary.*

## 07-56

1. comidas / bebidas, bebidas / comidas
2. vacaciones
3. Paraguay
4. videoconferencia
5. Sr. Verdugo
6. Marisol

## 07-57

*Answers will vary.*

## 07-58

*Answers will vary.*

## 07-59

*Answers will vary.*

# Capítulo 8   ¿Qué te pones?

## 08-01

1. d
2. a
3. e
4. e
5. b
6. c

**08-02**

1. d
2. a
3. f
4. e
5. c
6. b

**08-03**

1. Falso
2. Falso
3. Cierto
4. Falso
5. Falso
6. tarde
7. rojos / morados, morados / rojos
8. blusa, camiseta
9. doce / 12 / 12.00 / 12,00
10. setenta y cuatro / 74 / 74.00 / 74,00
11. falda, vestido, sandalias
12. mañana

**08-04**

*Answers will vary.*

**08-05**

Horizontal
1. paraguas
3. suéter
5. traje
7. zapato
8. sandalias
9. bolso

Vertical
1. pantalones
2. sombrero
4. vestido
6. pijama

**08-06**

*Answers will vary.*

**08-07**

*Answers will vary.*

**08-08**

1. llama
2. cañas
3. lama
4. canas
5. llave
6. campaña
7. colar
8. campana
9. collar
10. ganas

**08-09**

1. anglohablante
2. hispanohablante
3. hispanohablante
4. anglohablante
5. hispanohablante

**08-10**

*Answers will vary.*

**08-11**

1. Amancio Ortega Gaona
2. La Coruña / Coruña
3. 200 / doscientas
4. hombres / mujeres, mujeres / hombres
5. tres semanas / 3 semanas
6. catálogo / Internet, Internet / catálogo

**08-12**

*Answers will vary.*

**08-13**

1. b
2. c
3. e
4. a
5. f
6. d

**08-14**

1. él, mí
2. yo, ellos
3. tú, él
4. ellos, ti
5. él, ellos
6. tú, mí
7. ellos, él
8. yo, ti

**08-15**

1. Roberto, ellos
2. Fermín, ti
3. ella, nosotros
4. Fermín, tú
5. Fermín, Roberto, ellos
6. ellos, nosotros

**08-16**

1. les
2. le
3. nos
4. nos
5. les
6. me

**08-17**

1. nos sirven
2. no sirven
3. nos separa
4. no separa
5. no sigue
6. nos sigue
7. no cierra
8. nos cierra

**08-18**

1. c
2. f
3. a
4. d
5. b
6. e

**08-19**

1. Me gusta., No me gusta.
2. Me molestan., No me molestan.
3. Me fascina., No me fascina.
4. Me importan., No me importan.
5. Me hace falta., No me hace falta.

**08-20**

1. le hace falta
2. Les encanta / Les fascina / A ellos les encanta / A ellos les fascina
3. me molesta / a mí me molesta
4. nos fascinan / nos encantan / a nosotros nos fascinan / a nosotros nos encantan
5. le importan

**08-21**

*Answers will vary.*

**08-22**

1. a ti / José
2. la ropa / ropa
3. tú / Greg
4. yo / José
5. el CD / el CD de Maná
6. Lina / ella
7. el CD / el CD de Maná
8. tú / Greg

**08-23**

1. a
2. a
3. c
4. c
5. b
6. a

**08-24**

1. No, no se la prestó
2. Sí, lo llevó
3. Sí, se la prestó
4. Sí, se lo prestó
5. Sí, los va a llevar / Sí, va a llevarlos
6. Sí, se la va a dar / Sí, va a dársela

**08-25**

1. g
2. e
3. b
4. h
5. c
6. d
7. f
8. a

**08-26**

*Answers will vary.*

**08-27**

1. c
2. e
3. a
4. f
5. d
6. b

**08-28**

1. ropa cómoda
2. un traje elegante
3. un abrigo de lana
4. un vestido que te queda muy bien
5. un vestido estampado

**08-29**

*Answers will vary.*

**08-30**

1. 2, 1, 3
2. 1, 3, 2
3. 3, 2, 1
4. 2, 3, 1
5. 1, 2, 3
6. 3, 2, 1

**08-31**

1. d
2. f
3. b
4. e
5. a
6. c

**08-32**

1. Se levanta / Joseba se levanta
2. Se cepilla los dientes / Joseba se cepilla los dientes
3. Se afeita / Joseba se afeita
4. Se viste / Joseba se viste
5. Se sienta para tomar el desayuno / Joseba se sienta para tomar el desayuno

**08-33**

1. b
2. a
3. b
4. c
5. d
6. d
7. a
8. c

**08-34**

*Answers will vary.*

**08-35**

*Answers will vary.*

**08-36**

1. a
2. d
3. c
4. d

**08-37**

1. a
2. a
3. b
4. b
5. a
6. a
7. a
8. b
9. b
10. b

**08-38**

1. Eran
2. estaba
3. Hacía
4. llevaba
5. andaba
6. estaba
7. quedaban
8. paseábamos
9. hablábamos
10. veíamos

**08-39**

1. a
2. 
3. a
4. a
5. a
6. b
7. a
8. a
9. b
10. b

**08-40**

1. se duchaba
2. se afeitaba
3. se vestía
4. Se ponía
5. lavaba
6. salía
7. hacían

**08-41**

*Answers will vary.*

**08-42**

*Answers will vary.*

**08-43**

1. Falso
2. Cierto
3. Cierto
4. Cierto
5. Falso
6. Cierto
7. Cierto
8. Falso
9. Cierto
10. Falso
11. cuando tenía siete años / cuando tenía 7 años
12. se divertían
13. A muchos de los padres de los niños
14. les gustaba mucho ver a sus amigos y hablar con ellos
15. Algunos padres / Algunos de los padres / A veces los padres
16. iba a marcar su primer gol
17. trató de quitarle el balón
18. Gael no lo dejó
19. Levantó el brazo
20. una tarjeta roja al padre de Gael / una tarjeta amarilla a Gael / una tarjeta roja al padre de Gael y una tarjeta amarilla a Gael / una tarjeta amarilla a Gael y una tarjeta roja al padre de Gael
21. b
22. f
23. d
24. e
25. c
26. a

**08-44**

*Answers will vary.*

**08-45**

*Answers will vary.*

**08-46**

1. yerba mate
2. Mar de Plata, Ushuaia, Iguazú, Punta del Este, Cerro Aconcagua
3. lunfardo, tango

**08-47**

1. a, b
2. a
3. b
4. a, b
5. b
6. a
7. a, b

**08-48**

1. aproximadamente treinta y seis millones
2. es el segundo país más grande
3. Bolivia, Brasil, Chile, Paraguay, Uruguay
4. Purmamarca
5. Misiones
6. Misiones
7. Buenos Aires
8. Buenos Aires
9. Buenos Aires
10. Patagonia
11. asada, a la parrilla
12. un postre
13. desayuno, merienda
14. una bebida
15. caliente
16. ver partidos de fútbol, bailar
17. después de las 9 de la noche
18. diciembre, enero, febrero
19. nadar y tomar el sol
20. esquiar

**08-49**

1. Montevideo
2. casi tres millones quinientos mil
3. tomar el sol, hacer diferentes deportes, dormir en tienda de campaña en la playa
4. un río
5. Argentina, Brasil
6. el Río de la Plata
7. Normalmente no hace mucho frío., Normalmente no hace mucho calor.
8. 700
9. parrilladas, pasta, dulce de leche, carne, pescado y mariscos
10. con la carne
11. ajo, aceite
12. una bebida, una taza que la gente usa para tomar una bebida
13. b

14. a
15. c
16. d

## 08-50

*Answers will vary.*

## 08-51

*Answers will vary.*

## 08-52

1. cafetería
2. comidas / bebidas, comidas / bebidas
3. preocupado
4. venía
5. hablaba
6. enojado / nervioso / enfadado

## 08-53

1. Falso
2. Cierto
3. Cierto
4. Falso
5. Falso
6. Cierto

## 08-54

1. d
2. c
3. b
4. e
5. a

## 08-55

*Answers will vary.*

## 08-56

*Answers will vary.*

## 08-57

*Answers will vary.*

# Capítulo 9   Estamos en forma

## 09-01

1. d
2. a
3. b
4. e
5. c
6. b
7. d

## 09-02

1. c
2. e
3. a
4. b
5. f
6. d

## 09-03

1. e
2. a
3. c
4. d
5. b

## 09-04

1. Creo que Isabel se puso unos guantes
2. Pienso que Javier se puso unos pantalones de lana
3. Creo que Fernando se puso un sombrero
4. Pienso que Iván y Quique se pusieron unos calcetines
5. Creo que Ricardo se puso un suéter

## 09-05

1. c
2. f
3. d
4. a
5. e
6. b

## 09-06

1. d
2. c
3. e
4. a
5. b
6. f

## 09-07

1. salud
2. cabeza
3. estómago
4. brazo
5. corazón
6. espalda
7. cintura
8. nariz
9. sano
10. estornudo

## 09-08

1. falda
2. manta
3. venda
4. doce
5. tose
6. falta
7. manda
8. venta

## 09-09

1. hispanohablante
2. anglohablante
3. anglohablante
4. hispanohablante
5. anglohablante
6. hispanohablante
7. hispanohablante
8. anglohablante

## 09-10

1. todos
2. toros
3. cara
4. cada
5. duda
6. dura
7. modas
8. moras

## 09-11

*Answers will vary.*

## 09-12

1. No, no las incluyó
2. Sí, las incluyó
3. No, no los incluyó
4. No, no las incluyó
5. Sí, las incluyó
6. Sí, la incluyó

**09-13**

| | |
|---|---|
| 1. les encanta | 5. te encanta |
| 2. le encantan | 6. nos encanta |
| 3. les encantan | 7. les encantan |
| 4. me encantan | |

**09-14**

*Answers will vary. Possible answers:*
1. A su padre se los operaron.
2. No, no se las examinaron; le examinaron los oídos.
3. A su hermano se la miraron.
4. No, no se la analizaron; le analizaron la sangre.
5. A Maribel y a su madre se los limpiaron.
6. No, no se los revisaron; le revisaron las piernas.

**09-15**

| | |
|---|---|
| 1. objeto directo | 6. objeto directo |
| 2. reflexivo | 7. reflexivo |
| 3. reflexivo | 8. reflexivo |
| 4. reflexivo | 9. reflexivo |
| 5. objeto directo | 10. objeto directo |

**09-16**

| | |
|---|---|
| 1. me | 6. les |
| 2. nos | 7. les |
| 3. me | 8. me |
| 4. nos | 9. me |
| 5. me | 10. nos |

**09-17**

| | |
|---|---|
| 1. se | 4. té |
| 2. sé | 5. te |
| 3. sé | |

**09-18**

| | |
|---|---|
| 1. aspirinas | 6. herida |
| 2. gripe | 7. infección |
| 3. catarro | 8. médica |
| 4. fiebre | 9. virus |
| 5. enfermera | 10. venda |

**09-19**

| | |
|---|---|
| 1. c | 4. d |
| 2. e | 5. a |
| 3. b | |

**09-20**

| | |
|---|---|
| 1. e | 4. b |
| 2. a | 5. d |
| 3. c | |

**09-21**

| | |
|---|---|
| 1. enfermeras | 6. jarabe |
| 2. enfermas | 7. estornuda |
| 3. herida | 8. catarro |
| 4. venda | 9. fiebre |
| 5. tos | 10. gripe |

**09-22**

1. Tienes que guardar cama / Tiene que guardar càma / Tiene que tomar unas pastillas / Tienes que tomar unas pastillas
2. Tienes que vendarte / Tiene que vendarse
3. Tienes que tomar unas pastillas / Tiene que tomar unas pastillas / Tienes que guardar cama / Tiene que guardar cama
4. Tienes que tratar de no mover el brazo / Tiene que tratar de no mover el brazo
5. Tienes que evitar el contacto con las plantas / Tiene que evitar el contacto con las plantas

**09-23**

*Answers will vary.*

**09-24**

| | |
|---|---|
| 1. Cierto | 4. Falso |
| 2. Cierto | 5. Cierto |
| 3. Falso | 6. Cierto |

**09-25**

*Answers will vary.*

**09-26**

| | |
|---|---|
| 1. d | 4. e |
| 2. a | 5. c |
| 3. c | |

**09-27**

| | |
|---|---|
| 1. Cuántas | 5. Qué |
| 2. Cuánta / Qué | 6. Cuántas |
| 3. Qué | 7. Cuánto |
| 4. Cuánto | 8. Cuánto |

**09-28**

*Answers will vary.*

**09-29**

| | |
|---|---|
| 1. que | 3. cuántos |
| 2. qué | 4. cuanto |

**09-30**

1. Selected verbs: teníamos, tenía, bailaba, subió, se cayó, Había, vio, empezó, fuimos, sufría
2. subió, se cayó, vio, empezó, fuimos
3. teníamos, tenía, bailaba, Tenía, sufría

4. a
5. c
6. b, c
7. a, c
8. a, c
9. c
10. a, c
11. b, c
12. a, c
13. a

**09-31**

1. g
2. b
3. j
4. f
5. i
6. a
7. c
8. e
9. h
10. d

**09-32**

1. trabajaba
2. entraron
3. vendaba
4. pidió
5. trataba
6. llamó
7. salía / me iba
8. llegaron
9. eran
10. me fui / salí

**09-33**

1. fui
2. se sentía
3. quería
4. Eran
5. hacía
6. llegué
7. decidimos
8. llevábamos
9. volvimos
10. nos divertimos

**09-34**

*Answers will vary.*

**09-35**

1. llamé
2. me sentía
3. dolían
4. contestó
5. preguntó
6. dijo
7. era
8. llegué
9. estaba
10. esperé

**09-36**

1. Falso
2. Falso
3. Cierto
4. Falso
5. Cierto

**09-37**

1. Hace una semana / Hace 1 semana
2. Hace un mes / Hace 1 mes
3. Hace cuatro años / Hace 4 años
4. Hace tres años / Hace 3 años
5. Hace dos años / Hace 2 años
6. Hace un año / Hace 1 año

**09-38**

1. c
2. e
3. a
4. f
5. b
6. d

**09-39**

*Answers will vary.*

**09-40**

*Answers may vary.*

**09-41**

*Answers will vary.*

**09-42**

1. Sí
2. Sí
3. Sí
4. No
5. No
6. No

**09-43**

*Answers will vary.*

**09-44**

*Answers will vary.*

**09-45**

*Answers will vary.*

**09-46**

1. Falso
2. Falso
3. Falso
4. Cierto
5. Cierto
6. Cierto
7. Falso
8. Falso
9. Cierto
10. Falso

**09-47**

1. casi veintiocho millones
2. Bolivia, Brasil, Chile, Colombia, Ecuador
3. cultural, geográfica, étnica
4. los incas
5. 1470
6. 8.000
7. un lugar de adoración al sol
8. un lugar para observar y estudiar astronomía, un lugar religioso
9. playas
10. animales y minerales, altas montañas
11. ríos navegables
12. café, naranja, papaya, melón
13. En Perú hay familias que tienen orígenes indígenas y también europeos.
14. Italia, Japón, África, China
15. 8.500.000
16. Tiene diversidad en su arquitectura, sus calles y su infraestructura.

17. un dios
18. el Océano Pacífico
19. la arquitectura
20. una zona muy cosmopolita que se llama Miraflores

**09-48**
1. casi nueve millones
2. La Paz
3. Fue el libertador del país. El país fue nombrado en honor a él.
4. Perú, Brasil, Paraguay, Argentina, Chile
5. Es el lago más alto del mundo.
6. quechua, aymara, guaraní, español
7. 3.600 metros
8. Sucre
9. más de 1.000.000
10. el Museo Costumbrista
11. hojas de maíz
12. maíz
13. el helado, la leche asada, el manjar blanco
14. Santa Cruz
15. Sucre, Ciudad de Potosí
16. cerca de La Paz
17. la civilización Tiwanacota
18. monumentos, un museo arqueológico
19. Es un centro económico del país.

**09-49**
1. más de trece millones
2. Colombia, Perú
3. las islas Galápagos
4. Hay mucha biodiversidad.
5. aproximadamente 1.600
6. aproximadamente 4.500
7. aproximadamente 350
8. ecoturismo, practicar algunos deportes de aventura
9. antes de la era cristiana
10. 1432
11. 1533
12. los Andes, la costa
13. Quito
14. Darwin
15. casi 1.000 kilómetros
16. la isla Genovesa
17. la isla Fernandina
18. la isla Isabela

**09-50**
*Answers will vary.*

**09-51**
*Answers will vary.*

**09-52**
*Answers will vary.*

**09-53**
1. b          4. c
2. a          5. d
3. a, b       6. c

**09-54**
*Answers will vary.*

**09-55**
*Answers will vary.*

**09-56**
*Answers will vary.*

# Capítulo 10    ¡Viajemos!

**10-01**
1. a          6. c
2. c          7. b
3. b          8. c
4. c          9. b
5. a          10. c

**10-02**
1. c          4. a
2. b          5. d
3. e

**10-03**

Vertical              Horizontal
1. motocicleta        2. boleto
2. baúl               4. parada
3. estacionamiento    5. semáforo
4. peatones           6. llave
                      7. carro
                      8. llanta

**10-04**
1. una bicicleta
2. un avión
3. un coche / un carro
4. un barco
5. un camión
6. una motocicleta / una moto

**10-05**
1. la parada          5. nuestros boletos
2. tu coche           6. cola
3. estacionamiento    7. manejé
4. taxi               8. el avión

## 10-06

| | |
|---|---|
| 1. Falso | 6. Falso |
| 2. Cierto | 7. Falso |
| 3. Falso | 8. Cierto |
| 4. Falso | 9. Cierto |
| 5. Falso | 10. Falso |

## 10-07

*Answers will vary.*

## 10-08

*Answers will vary.*

## 10-09

| | |
|---|---|
| 1. hispanohablante | 4. hispanohablante |
| 2. anglohablante | 5. anglohablante |
| 3. anglohablante | 6. hispanohablante |

## 10-10

| | |
|---|---|
| 1. hispanohablante | 6. hispanohablante |
| 2. hispanohablante | 7. anglohablante |
| 3. anglohablante | 8. anglohablante |
| 4. hispanohablante | 9. hispanohablante |
| 5. anglohablante | 10. anglohablante |

## 10-11

*Answers will vary.*

## 10-12

*Answers will vary.*

## 10-13

1. Facultad de Informática / la Facultad de Informática
2. Facultad de Arquitectura / la Facultad de Arquitectura
3. Facultad de Medicina / la Facultad de Medicina
4. biblioteca / la Biblioteca
5. cafetería / la Cafetería

## 10-14

| | |
|---|---|
| 1. léelo | 4. no vayas en coche |
| 2. invítala | 5. no lo lleves |
| 3. no los invites | 6. visítalo |

## 10-15

| | |
|---|---|
| 1. c | 4. a |
| 2. f | 5. e |
| 3. d | 6. b |

## 10-16

1. Pon tu pasaporte, tu reproductor mp3 y tu libro favorito en tu mochila en vez de tu maleta
2. No vayas al aeropuerto en tu coche porque el estacionamiento es muy caro
3. No llegues tarde al aeropuerto
4. Ten cuidado en el aeropuerto
5. Quítate los zapatos al pasar por el control de seguridad
6. Sé simpático con las personas de seguridad
7. No enciendas ningún aparato electrónico en el avión sin permiso
8. No te levantes de tu asiento durante el despegue o el aterrizaje

## 10-17

1. Revisa el motor
2. Cambia el limpiaparabrisas
3. Pasa la aspiradora dentro del coche
4. Llena el tanque con gasolina
5. Limpia el parabrisas
6. Llena las llantas de aire

## 10-18

1. Haz la reserva
2. Ve a la agencia de viajes
3. Ten más cuidado
4. Sal temprano
5. Sé paciente
6. Pon la ropa dentro de la maleta

## 10-19

| | |
|---|---|
| 1. informal | 6. formal |
| 2. formal | 7. no se sabe |
| 3. formal | 8. formal |
| 4. informal | 9. no se sabe |
| 5. no se sabe | 10. informal |

## 10-20

| | |
|---|---|
| 1. d | 4. a |
| 2. b | 5. c |
| 3. e | 6. f |

## 10-21

| | |
|---|---|
| 1. Siéntense | 4. Levántense |
| 2. Pongan | 5. usen |
| 3. Suban | 6. hagan |

## 10-22

1. Sí, sáquenoslas / Sáquenoslas
2. Sí, démelas / Démelas
3. Sí, súbanoslas / Súbanoslas
4. Sí, tráigamelo / Tráigamelo
5. Sí, resérvenoslos / Resérvenoslos
6. Sí, hágamela / Hágamela

**10-23**

| | |
|---|---|
| 1. Cierto | 4. Cierto |
| 2. Falso | 5. Falso |
| 3. Cierto | 6. Cierto |

**10-24**

| | |
|---|---|
| 1. vuelo | 4. propinas |
| 2. sello | 5. botones |
| 3. dejar | 6. vuelos |

**10-25**

| | |
|---|---|
| 1. Cierto | 8. subir |
| 2. Falso | 9. viajero |
| 3. Falso | 10. cambiar |
| 4. Cierto | 11. maletas |
| 5. Falso | 12. cuarto doble |
| 6. Falso | 13. cuarto individual |
| 7. avión | 14. montañas |

**10-26**

1. agente de viajes
2. boletos de ida y vuelta
3. extranjero
4. pasaportes
5. reserva
6. playa

**10-27**

| | |
|---|---|
| 1. volar | 6. tarjeta postal |
| 2. agente de viajes | 7. sello |
| 3. recepción | 8. maleta |
| 4. extranjero | 9. botones |
| 5. propina | 10. viajeros |

**10-28**

*Answers will vary.*

**10-29**

*Answers will vary.*

**10-30**

1. la Laguna Ucaima
2. el río Carrao, los rápidos de Mayupa
3. el Salto Ángel
4. los tepuyes, Pico Humboldt
5. los tepuyes, Pico Humboldt
6. la Isla de Margarita

**10-31**

| | |
|---|---|
| 1. Son los suyos | 4. Son las suyas |
| 2. Es la tuya | 5. Son los nuestros |
| 3. Es la mía | |

**10-32**

| | |
|---|---|
| 1. suyo | 4. mío |
| 2. suyos | 5. nuestra |
| 3. tuya | 6. suyo |

**10-33**

| | |
|---|---|
| 1. c | 4. a |
| 2. d | 5. b |
| 3. f | 6. e |

**10-34**

| | |
|---|---|
| 1. d | 5. d |
| 2. a | 6. a |
| 3. c | 7. c |
| 4. d | |

**10-35**

| | |
|---|---|
| 1. d | 4. c |
| 2. b | 5. a |
| 3. e | |

**10-36**

| | |
|---|---|
| 1. menos, que | 6. más, que |
| 2. más, que | 7. menos, que |
| 3. tantas, como | 8. más, que |
| 4. más, que | 9. tan, como |
| 5. tantos, como | 10. tanto, como |

**10-37**

| | |
|---|---|
| 1. más, que | 5. menos, que |
| 2. menos, que | 6. menos, que |
| 3. más, que | 7. más, que |
| 4. más, que | |

**10-38**

*Answers will vary.*

**10-39**

*Answers will vary.*

**10-40**

*Answers will vary.*

**10-41**

| | |
|---|---|
| 1. Cartagena | 10. Cartagena |
| 2. Bogotá | 11. a, d |
| 3. Leticia | 12. b, c |
| 4. Bogotá | 13. b |
| 5. Cartagena | 14. c |
| 6. Leticia | 15. e |
| 7. Cartagena, Leticia | 16. b |
| 8. Cartagena | 17. c |
| 9. Cartagena | |

**10-42**

*Answers will vary.*

**10-43**

*Answers will vary.*

**10-44**

1. Colombia
2. Colombia
3. Venezuela
4. Colombia
5. Colombia
6. Venezuela
7. Colombia
8. Colombia, Venezuela

**10-45**

*Answers will vary.*

**10-46**

1. casi cuarenta y tres millones
2. Santafé de Bogotá
3. el cóndor de los Andes
4. 5
5. 32
6. una sabana
7. Usaquen, Cajicá, Zipaquirá
8. Es una ciudad a la que pueden ir todas las personas para buscar un futuro mejor.
9. en la costa caribeña
10. colonial
11. la Catedral, la Torre del Reloj
12. un autobús
13. la costa del norte
14. la región de los Andes
15. la región de los Andes
16. arepas, empanadas

**10-47**

1. aproximadamente veinticinco millones
2. en Suramérica
3. Brasil, Colombia
4. 1498
5. 1499
6. canoas
7. la ciudad italiana de Venecia
8. Simón Bolívar
9. Colombia, Bolivia, Ecuador, Perú
10. el petróleo
11. b
12. c
13. a
14. arepa
15. arepa

16. cachapa
17. carne asada en piedra

**10-48**

*Answers will vary.*

**10-49**

*Answers will vary.*

**10-50**

1. Cisco, Manolo, Marisol, Lupe
2. Cisco, Manolo, Marisol, Lupe
3. Cisco, Manolo, Marisol, Lupe
4. Cisco, Marisol
5. Manolo
6. Cisco, Manolo, Marisol, Lupe
7. Cisco

**10-51**

| | |
|---|---|
| 1. Cierto | 4. Cierto |
| 2. Cierto | 5. Falso |
| 3. Cierto | 6. Falso |

**10-52**

*Answers will vary.*

**10-53**

| | |
|---|---|
| 1. a | 4. a |
| 2. b | 5. d |
| 3. a | 6. c, d |

**10-54**

*Answers will vary.*

**10-55**

*Answers will vary.*

**10-56**

*Answers will vary.*

# Capítulo 11    El mundo actual

**11-01**

| | |
|---|---|
| 1. b | 6. c |
| 2. c | 7. b |
| 3. c | 8. b |
| 4. a | 9. a |
| 5. b | 10. c |

**11-02**

| | |
|---|---|
| 1. b | 4. e |
| 2. d | 5. a |
| 3. c | |

## 11-03

1. el pájaro
2. el perro
3. el gato
4. la gallina
5. el pez
6. la vaca
7. el caballo
8. la rana
9. el cerdo
10. el elefante

## 11-04

1. el león
2. la gallina
3. la rana
4. el pájaro
5. el oso
6. el pez

## 11-05

1. c
2. j
3. g
4. a
5. d
6. i
7. f
8. b
9. h
10. e

## 11-06

1. preocupo
2. monto
3. cuide
4. domésticos
5. montó
6. cuidé
7. preocupó
8. domestico

## 11-07

1. cocodrilo
2. tórtola
3. oveja
4. jabalí
5. huracán
6. ratones
7. ácida
8. invernadero
9. coquí
10. domesticó

## 11-08

1. cuando
2. cuándo
3. qué
4. que
5. cómo
6. como
7. mi
8. mí
9. sé
10. se

## 11-09

*Answers will vary.*

## 11-10

*Answers will vary.*

## 11-11

1. el efecto invernadero, la contaminación, la lluvia ácida, el derrame de petróleo
2. el huracán, la inundación, el terremoto
3. el reciclaje, la reforestación, sembrar plantas

## 11-12

1. a
2. c
3. b
4. d
5. c

## 11-13

1. reciclar el plástico, caminar a las clases, sembrar plantas, evitar la contaminación, reforestar los bosques, reusar los contenedores de vidrio
2. poner el aire acondicionado, conducir coches que consumen mucha gasolina, botar cajas de cartón a la basura, poner las latas en los vertederos

## 11-14

1. contaminar
2. aluminio
3. petróleo
4. tormenta
5. vertedero
6. ecología
7. lata
8. vidrio
9. tierra
10. huracán

## 11-15

1. medio ambiente
2. Tierra
3. reciclar
4. periódicos
5. cartón
6. basura
7. daño
8. contaminando
9. ecología
10. recursos naturales

## 11-16

*Answers will vary.*

## 11-17

*Answers will vary.*

## 11-18

*Answers will vary.*

## 11-19

1. Cierto
2. Falso
3. Cierto
4. Falso
5. Cierto
6. Falso

## 11-20

*Answers will vary.*

## 11-21

1. d
2. b
3. f
4. e
5. a
6. c

## 11-22

1. a
2. b
3. d
4. b, c
5. a, d
6. b, c
7. a, c

## 11-23

1. Es increíble que muchas personas en el mundo no sepan que el efecto invernadero es una realidad muy seria que está cambiando nuestro mundo / Es malo que muchas personas en el mundo no sepan que el efecto invernadero es una realidad muy seria que está cambiando nuestro mundo
2. Es malo que muchos políticos digan que el efecto invernadero realmente no es un problema muy importante / Es increíble que muchos políticos digan que el efecto invernadero realmente no es un problema muy importante
3. Es importante que muchas personas estemos trabajando para proteger el medio ambiente y parar el calentamiento global / Es bueno que muchas personas estemos trabajando para proteger el medio ambiente y parar el calentamiento global
4. Es bueno que existan nuevas tecnologías como la energía solar y la energía eólica que nos ofrecen alternativas para energías renovables / Es importante que existan nuevas tecnologías como la energía solar y la energía eólica que nos ofrecen alternativas para energías renovables
5. Ojalá que en el futuro podamos crear otras nuevas tecnologías para ayudarnos todavía más / Ojalá que en el futuro creemos otras nuevas tecnologías para ayudarnos todavía más

## 11-24

1. participen
2. expresen
3. solucionemos
4. trate
5. afecte / cambie
6. cause
7. sigamos
8. miren
9. cambie / afecte / mejore
10. mejore / cambie / afecte

## 11-25

*Answers will vary.*

## 11-26

1. d
2. a
3. e
4. c
5. g
6. b
7. f

## 11-27

1. dictadora, reina, alcaldesa
2. guerra, deuda, delincuencia, inflación
3. monarquía, democracia, dictadura

## 11-28

| Horizontal | Vertical |
|---|---|
| 1. diputada | 1. democracia |
| 3. combatir | 2. alcaldesa |
| 6. deuda | 3. congreso |
| 7. huelga | 4. impuesto |
| 8. senadora | 5. guerra |

## 11-29

*Answers will vary.*

## 11-30

1. Cierto
2. Falso
3. Cierto
4. Cierto
5. Falso

## 11-31

1. b
2. d
3. f
4. c
5. a
6. e

## 11-32

1. Para ser la alcaldesa, no sabe nada de los verdaderos problemas de la ciudad
2. Para ser el presidente, no ofrece muchas soluciones para los problemas del país
3. Para ser solo un estudiante, sabe bastante de la política internacional
4. Para ser un país desarrollado, tiene una deuda externa muy grande
5. Para ser solo un país en vías de desarrollo, tiene una economía bastante fuerte

## 11-33

1. por Houston
2. por avión / por barco, por barco / por avión
3. por cinco países / por 5 países
4. por Miami
5. para el jueves
6. para una cena

## 11-34

1. para
2. por
3. por
4. para
5. para
6. Para
7. Para
8. por
9. por
10. para
11. b
12. b
13. a
14. c
15. e
16. e
17. d
18. c
19. c
20. e

## 11-35

| | |
|---|---|
| 1. d | 5. a |
| 2. b | 6. c |
| 3. d | 7. b |
| 4. c | 8. d |

## 11-36

*Answers will vary.*

## 11-37

| | |
|---|---|
| 1. sobre | 6. en |
| 2. con | 7. antes de |
| 3. a | 8. al lado del |
| 4. hasta | 9. Después de |
| 5. Por | 10. acerca del |

## 11-38

| | |
|---|---|
| 1. d | 4. c |
| 2. a | 5. f |
| 3. e | 6. b |

## 11-39

*Answers will vary.*

## 11-40

1. llevar a cabo su gran proyecto, obtengan el apoyo de otras personas
2. obtener el apoyo de otras personas, lleven a cabo su gran proyecto
3. pagar los impuestos, calculen cuánto dinero es necesario que paguen al gobierno
4. calcular cuánto dinero es necesario que paguen al gobierno, paguen los impuestos
5. apoyar a un candidato, estudien su programa y sus ideas
6. estudiar su programa y sus ideas, apoyen a un candidato
7. tomar la decisión de mudarse a una nueva casa, pregunten si hay problemas de delincuencia en el barrio
8. preguntar si hay problemas de delincuencia en el barrio, tomen la decisión de mudarse a una nueva casa
9. formar un partido político, decidan cuál debe ser su ideología, proyectos y programa
10. decidir cuál debe ser su ideología, proyectos y programa, formen un partido político
11. botar algo a la basura, confirmen que no es reciclable
12. confirmar que no es reciclable, boten algo a la basura

## 11-41

*Answers will vary.*

## 11-42

1. tiempo
2. protesta / insatisfacción
3. indiferencia
4. ignorancia
5. insatisfacción / protesta

## 11-43

*Answers will vary.*

## 11-44

*Answers will vary.*

## 11-45

*Answers will vary.*

## 11-46

| | |
|---|---|
| 1. Falso | 5. Cierto |
| 2. Cierto | 6. Cierto |
| 3. Falso | 7. Falso |
| 4. Cierto | |

## 11-47

1. aproximadamente once millones de habitantes
2. más de 4.195
3. 150 kilómetros
4. la Isla de la Juventud
5. la Sierra de Guaniguanico, el Grupo Guamahuaya, la Sierra Maestra
6. octubre, 1492
7. en honor a la hija de los Reyes de España
8. los Guanajatabeyes, los Taínos, los Siboneyes
9. los Taínos
10. iglesias
11. colonial
12. 1514
13. el café, el tabaco
14. cohiba
15. a mano
16. un cuchillo
17. por lo menos 45 minutos
18. tabaquero

## 11-48

1. Es más grande que Rhode Island.
2. aproximadamente 4.000.000
3. Hace sol y calor durante la primavera, el verano, el otoño y el invierno.
4. la taína, la africana, la española, la norteamericana
5. e
6. i
7. f
8. b

9. d
10. a
11. c
12. g
13. h
14. museos, monumentos, plazas, tiendas
15. el gobernador
16. el viejo San Juan
17. la parte moderna de San Juan
18. 1963
19. 305 metros
20. la atmósfera de la Tierra, fenómenos celestiales, emisiones de radio de otras galaxias

**11-49**
1. Haití
2. aproximadamente 8.000.000
3. aproximadamente 2.000.000
4. Hace sol y calor durante la primavera, el verano, el otoño y el invierno.
5. mayo, junio a noviembre
6. junio a noviembre
7. windsurf, kitesurf
8. arroz, pollo, carne, plátanos
9. sancocho
10. Samaná
11. salsa criolla
12. merengue, bachata
13. bachata
14. la Virgen de la Altagracia
15. Carnaval
16. Cibao

**11-50**
*Answers will vary.*

**11-51**
*Answers will vary.*

**11-52**
1. Cierto
2. Cierto
3. Falso
4. Cierto
5. Falso

**11-53**
*Answers will vary.*

**11-54**
1. Eduardo
2. Eduardo
3. Alejandra
4. Alejandra
5. Alejandra
6. Alejandra
7. el FBI / FBI

**11-55**
*Answers will vary.*

**11-56**
*Answers will vary.*

# Capítulo 12  Y por fin, ¡lo sé!

**12-01**

Vertical
1. pescado
2. camarero
3. cuchillo
5. cocido / cocida
7. carne

Horizontal
4. ensalada
6. vino
7. cocinero
8. crudo / cruda
9. bistec

**12-02**
1. c
2. e
3. a
4. f
5. b
6. d

**12-03**
1. a
2. b
3. d
4. c
5. a
6. c

**12-04**
1. pasado
2. presente progresivo
3. pasado
4. futuro
5. presente
6. pasado

**12-05**
1. d
2. f
3. a
4. b
5. e
6. c

**12-06**
1. decidimos
2. mandé
3. vinieron
4. fue
5. empezó
6. tomamos
7. jugamos
8. preparó
9. bailé
10. nadamos

**12-07**
1. Sí, los pidió / Los pidió
2. No, no lo tomó / No lo tomó
3. No, no lo pudo aceptar / No, no pudo aceptarlo / No lo pudo aceptar / No pudo aceptarlo / No, no lo aceptó / No lo aceptó
4. Sí, lo comió / Lo comió
5. Sí, las bebieron / Las bebieron
6. No, no las comió / No las comió

## 12-08

| | |
|---|---|
| 1. zapato | 4. estrecha |
| 2. claro | 5. calcetín |
| 3. zapatillas | 6. ancha |

## 12-09

| | |
|---|---|
| 1. le | 6. le |
| 2. me | 7. me |
| 3. nos | 8. me |
| 4. le | 9. le |
| 5. le | 10. le |

## 12-10

| | |
|---|---|
| 1. e | 4. c |
| 2. a | 5. b |
| 3. f | 6. d |

## 12-11

| | |
|---|---|
| 1. Te | 6. las |
| 2. la | 7. Se |
| 3. te | 8. las |
| 4. los | 9. Te |
| 5. Me | 10. la |

## 12-12

| | |
|---|---|
| 1. era | 8. querían |
| 2. me divertía / llovía | 9. trabajaban |
| 3. pasábamos | 10. ayudábamos |
| 4. íbamos | 11. hacíamos / |
| 5. llovía | preparábamos / |
| 6. nos quedábamos | queríamos |
| 7. preparaba / hacía | 12. íbamos |

## 12-13

*Answers will vary.*

## 12-14

| | |
|---|---|
| 1. hacía | 4. hacía |
| 2. hacia | 5. hacia |
| 3. hacía | |

## 12-15

1. le duelen las piernas / le molestan las piernas
2. le molesta el brazo / le duele el brazo
3. les hace falta descansar
4. les gusta la idea de no poder hacer deporte
5. les preocupan las heridas de sus hijos
6. le importan sus pacientes

## 12-16

| | |
|---|---|
| 1. antes | 4. ahora |
| 2. ahora | 5. antes |
| 3. antes | 6. antes |

## 12-17

| | |
|---|---|
| 1. gripe | 4. pie |
| 2. oído | 5. cara |
| 3. cuello | 6. pierna |

## 12-18

| | |
|---|---|
| 1. d | 4. b |
| 2. a | 5. c |
| 3. f | 6. e |

## 12-19

| | |
|---|---|
| 1. me desperté | 6. estaba / me sentía |
| 2. dolía / molestaba | 7. Tenía |
| 3. Tomé | 8. molestaba / dolía |
| 4. vi | 9. llamé |
| 5. me sentía / estaba | 10. decidí |

## 12-20

*Answers will vary.*

## 12-21

| | |
|---|---|
| 1. qué | 6. que |
| 2. cuanto | 7. qué |
| 3. que | 8. que |
| 4. cuánto | 9. cuanto |
| 5. qué | 10. cuánto |

## 12-22

| | |
|---|---|
| 1. semáforo | 6. licencia |
| 2. coche | 7. conducir |
| 3. cola | 8. llanta |
| 4. viajeros | 9. barco |
| 5. camión | 10. parabrisas |

## 12-23

| | |
|---|---|
| 1. íbamos | 6. cambió |
| 2. tuvimos | 7. causó |
| 3. Eran | 8. decidimos |
| 4. hacía | 9. expliqué |
| 5. estábamos | 10. hablaron |

## 12-24

| | |
|---|---|
| 1. d | 4. a |
| 2. b | 5. b |
| 3. c | 6. c |

## 12-25

1. Repasa los apuntes por la tarde
2. Haz un poco de ejercicio para relajarte
3. Evita las bebidas alcohólicas
4. No te acuestes muy tarde
5. Pon el despertador antes de dormirte
6. Desayuna antes de tomar el examen

## 12-26

1. caminen / anden
2. doblen
3. caminen / anden
4. Crucen
5. Doblen

## 12-27

1. c
2. d
3. a
4. b

## 12-28

1. c
2. b
3. d
4. a
5. b, c

## 12-29

1. más, que
2. menos, que
3. menos, que
4. tantas, como
5. más, que
6. tantos, como
7. más
8. menos
9. más
10. más

## 12-30

1. El plástico dura más / El plástico dura más que el algodón
2. El algodón dura menos / El algodón dura menos que la madera
3. El algodón dura más / El algodón dura más que el papel
4. El plástico dura menos / El plástico dura menos que las botellas
5. Las latas duran más / Las latas duran más que la madera

## 12-31

1. No, no pongan
2. No, no contaminen
3. No, no pongan
4. Sí, luchen
5. No, no le hagan
6. Sí, voten
7. No, no apoyen

## 12-32

*Answers will vary.*

## 12-33

*Answers will vary.*

## 12-34

*Answers will vary.*

## 12-35

1. me desperté
2. me quedé
3. me levanté
4. me duché
5. me sequé
6. me puse
7. me cepillé
8. me quité
9. me arreglé
10. nos fuimos

## 12-36

*Answers will vary.*

## 12-37

1. Es importante que los cocineros mejoren la comida en la cafetería / No es importante que los cocineros mejoren la comida en la cafetería
2. Es necesario que las residencias tengan cuartos más grandes / No es necesario que las residencias tengan cuartos más grandes
3. Es preferible que la universidad construya un gimnasio más moderno / No es preferible que la universidad construya un gimnasio más moderno
4. Es necesario que la universidad abra más estacionamientos para los estudiantes / No es necesario que la universidad abra más estacionamientos para los estudiantes
5. Es importante que usted dé fiestas para los estudiantes / No es importante que usted dé fiestas para los estudiantes

## 12-38

*Answers will vary.*

## 12-39

1. c
2. d
3. b
4. a
5. c
6. c
7. d
8. a
9. a
10. c

## 12-40

*Answers will vary.*

## 12-41

*Answers will vary.*

## 12-42

*Answers will vary.*

## 12-43

*Answers will vary.*